Köstlich + gesund

DIE NEUE KARTOFFEL KÜCHE

KÖSTLICH + GESUND
DIE NEUE KARTOFFELKÜCHE

Grafische Konzeption und Layout: Rincón Partners
Illustrationen: Mauricio Rincón
Titelgestaltung: Hermann Bischoff
Satz: Fotosatz Thönnessen, Köln
Reproduktionen: Krefting + Melcher, Düsseldorf
Gesamtherstellung: Mainpresse Richterdruck, Würzburg

Printed in West Germany

ISBN 3-8247-8815-2

Nachweis der Abbildungen:
CMA, Bad Godesberg
Gruner + Jahr AG & Co., Hamburg
Jahreszeiten Verlag, Hamburg
Pfanni Werke, Hauswirtschaftliche Beratung, München
Naturalis Verlag

Inhalt

Die Kartoffel und ihre bewegte Vergangenheit 4

Schlank und schön mit Kartoffeln 6
Die Sieben-Tage-Kartoffeldiät

Was man alles aus Kartoffeln machen kann 22
Die Grundrezepte

Kartoffeln – lecker und vielseitig 36
Köstliche Kartoffelgerichte

Kartoffeln – einmal anders 72
Ausgefallene Kartoffelgerichte

Was man über die Kartoffel wissen sollte 82
Warenkunde und Tips

Die Kartoffel und ihre bewegte Vergangenheit

Jedes Schulkind kennt die Geschichte vom Preußenkönig Friedrich dem Großen (1712 - 86), dem Alten Fritz, der seine Bauern mit einer List vom Kartoffelanbau überzeugt haben will. Das Mißtrauen der Landwirte gegen die Knolle war groß. Die Spanier hatten sie erst knapp zweihundert Jahre zuvor von ihren Eroberungszügen durch Südamerika mitgebracht, und diese neue Ackerfrucht paßte so gar nicht in die althergebrachte Dreifelderwirtschaft, die nur Sommergetreide, Wintergetreide und eine dazwischenliegende Brache kannte. Außerdem war die Kartoffel nicht in der Bibel erwähnt – wie konnte sie auch – was die Landleute noch mehr gegen dieses Teufelszeug aufbrachte!

Aber die dauernden Hungersnöte und die vielen Kriege, die der Alte Fritz geführt hatte, machten Maßnahmen zur besseren Nahrungsmittelversorgung seiner Truppe und seiner Bevölkerung erforderlich. Die ertragreiche Kartoffel war hierfür bestens geeignet. So ließ der Alte Fritz „Muster"-Äcker mit Kartoffeln bepflanzen und von Soldaten bewachen – aber nur zum Schein. Die Bauern nutzten die Gelegenheit, der Obrigkeit etwas zu stibitzen – und von Stund an bauten die Bauern Kartoffeln in Preußen an.

Diese Geschichte ist eine Legende, denn nachweislich wurden schon 100 Jahre zuvor Kartoffeln im Voigtland angebaut. Von hier aus breitete sich der Anbau über das Nürnberger Land bis in die Pfalz aus. Und Pfälzer Flüchtlinge, die vor den einfallenden Truppen des Franzosenkönigs Ludwig XIV. zu Beginn des 18. Jahrhunderts nach Preußen geflohen waren, brachten auch Kartoffeln in die Mark Brandenburg – den unfruchtbarsten Teil des Landes, deswegen auch die „Streubüchse" Preußens genannt. Hier auf den sandigen Äckern brachten nur Kartoffeln lohnende Erträge. So hat es also den Kartoffelanbau schon längst vor dem Alten Fritz in der Mark Brandenburg gegeben. Dennoch kommt Friedrich dem Großen das große Verdienst zu, in mühevoller Überzeugungsarbeit den Kartoffelanbau in seinem Land so weit ausgebreitet zu haben, daß er zumindest nach dem Siebenjährigen Krieg (1756 - 63) sein Land ausreichend ernähren konnte.

Vom „Dickmacher" zum „Schlankmacher"

Kartoffeln vereinen zwei gegensätzliche Eigenschaften in so bewundernswerter Weise in sich: Sie sind gleichermaßen Grundnahrungsmittel wie kulinarische Köstlichkeit. Vielleicht ist es gerade ihre Vielseitigkeit, die die Menschen veranlaßte, ihnen immer wieder andere Wertschätzungen entgegenzubringen. Zunächst waren es der Reiz des Exotischen und ihre Blütenpracht, die das Interesse der Botaniker weckten, als die Spanier Kartoffelpflanzen vor über vierhundert Jahren „frisch" aus Südamerika nach Europa brachten. In späteren Jahrhunderten waren es Hunger und Kriege, die zum Anbau ertragreicher Nahrungsmittelpflanzen zwangen – die Kartoffel eignete sich vorzüglich dafür. Im 19. Jahrhundert entwickelte sie sich dann zum Massennahrungsmittel. Sie mußte die Landbevölkerung und die wachsende Zahl der Menschen in den Städten ernähren, und da war es nicht so wichtig, wie sie schmeckte, ob sie mehlig oder fest war – Hauptsache, Kartoffeln waren billig und reichlich vorhanden.

Erst nach dem Zweiten Weltkrieg, nachdem sich in den 50er Jahren alle wieder einmal satt gegessen hatten und die „Gesundheitswelle" die „Freßwelle" ablöste, da wurde man sich der Ernährung und ihrer einzelnen Bestandteile immer bewußter. Die ungeliebte Kartoffel, bis dahin als „Dickmacher" und „Arme-Leute-Essen" verpönt, feierte eine bemerkenswerte Renaissance. Nicht die Kartoffel an sich, sondern immer fettere Essen mit zu deftigen Soßen waren das Übel der Ernährung. Erst jetzt wurde man sich des eigentlichen Wertes der Kartoffel bewußt. Die „dolle Knolle" wurde gesellschaftsfähig, denn neben herzhaft deftigen Kartoffelgerichten findet die Kartoffel

mehr und mehr in der Feinschmeckerküche ihren eigentlichen Platz.
Längst hat man auch entdeckt, daß die Kartoffel mit ihren vielen Vitaminen und Mineralstoffen – sie ist einer unserer wichtigsten Vitamin-C-Spender – eines der hochwertigsten Nahrungsmittel überhaupt ist. Und ausgerechnet die so lange als „Dickmacher" verschrieene Kartoffel ist hervorragend als gesunder Hauptbestandteil einer Schlankheitsdiät geeignet und ermöglicht immer neue, abwechslungsreiche Rezepte. Gerade diese „Leichtigkeit" ist es, die die Kartoffel heute zu einem unverzichtbaren Nahrungsmittel im Rahmen einer ausgewogenen, modernen Ernährung gemacht hat – einer Ernährung, die immer mehr Wert auf kulinarischen Genuß legt. Die Deutschen sind zu Feinschmeckern geworden. „Essen wie Gott in Deutschland ..." hat sich zu einem selbstverständlichen Anspruch entwickelt, der auch weltweit immer mehr Anerkennung findet. Längst konnte die neue deutsche Küche, die in ihren landsmannschaftlichen Traditionen wurzelt und diese zu neuem Leben erweckt hat, mit ihren Erzeugnissen internationales Renommee gewinnen. Dies alles wäre ohne unsere schmackhaften Kartoffeln nicht möglich gewesen!

Schlank und schön mit Kartoffeln

Wir leben in einer Wohlstandsgesellschaft, die uns mit allem versorgt – teilweise haben wir sogar zuviel des Guten, wie mancher von uns mit einem Blick auf die Waage feststellen muß. Dabei ist es noch gar nicht so lange her, daß eher Not als Überfluß an der Tagesordnung war. Seit kaum mehr als hundert Jahren haben uns technischer Fortschritt und eine moderne Landwirtschaft Hungersnöte erspart – sofern wir sie nicht durch Kriege selbst verschuldet haben. Interessant ist, daß zu Zeiten, da viele Menschen nicht immer satt werden konnten, Korpulenz zur Schau getragen wurde. Dicksein war ein Statussymbol der Reichen, die es sich leisten konnten, mehr zu essen, als der Körper brauchte. Denken wir nur an die Bilder von Peter Paul Rubens mit seiner Vorliebe für üppige Damen.

Heute, wo wir alle genug zu essen haben, ist „schlank" das neue Statussymbol – ein Schönheitsideal, das die meisten von uns anstreben. Doch es ist so viel schwerer abzunehmen als zunehmen. Woran liegt das? Die Beantwortung dieser Frage hängt mit der Entwicklungsgeschichte des Menschen zusammen. Als unsere Vorfahren vor Tausenden von Jahren noch durch die Wälder und Savannen streiften und sich ihre Nahrung erjagten und Früchte sammelten, da war es lebensnotwendig, daß der Körper auch Reserven für Zeiten der Nahrungsknappheit bildete – also hatte die Natur es so eingerichtet, daß ein Sättigungsgefühl erst dann eintrat, wenn der Mensch schon etwas mehr gegessen hatte, als er eigentlich im Moment brauchte. Und bei vielen von uns trifft dies auch heute noch im Zeitalter des Eisschrankes zu; man braucht ihn ja nur zu öffnen, wann immer man dazu Lust hat. Unser Körper ist also bis heute noch immer darauf eingerichtet, mehr Nahrung als eigentlich nötig zu sich zu nehmen.

Doch wir leben heute ganz anders als unsere Vorfahren. Schwerarbeit wird seltener, sitzende Bürotätigkeit immer typischer für unsere Lebensumstände. Der Nahrungsenergiebedarf

des Menschen für körperliche Arbeit wird also geringer. Im ruhenden Zustand (= Grundumsatz) benötigt beispielsweise ein männlicher Erwachsener mit ca. 70 kg Körpergewicht täglich etwa 7110 kJ, das sind 1700 kcal, bei normaler sitzender Tätigkeit etwa 10500 kJ/2500 kcal – aber im Durchschnitt der Gesamtbevölkerung nehmen wir über 12550 kJ/3000 kcal zu uns, also zuviel.
Was können wir nun tun, um abzunehmen? Entweder müssen wir unsere körperlichen Aktivitäten steigern oder aber weniger Nahrung zu uns nehmen. Am besten natürlich beides auf einmal. Und damit sind wir schon bei einer ganz wichtigen Grundregel einer Reduktionsdiät. Einfach nur weniger essen nützt in der Regel nicht viel. Wichtig ist, daß wir auch bei reduzierter Kost eine vollwertige Nahrung zu uns nehmen und uns genügend bewegen.
Wenn man also wirklich abnehmen will, sollte man sein Leben viel bewußter auf die Diät ausrichten. Und dann gehört natürlich auch dazu, daß die Schlankheitskost nicht einseitig und fade, sondern abwechslungsreich und wohlschmeckend ist und uns mit wichtigen Inhaltsstoffen wie beispielsweise Vitaminen, Mineralstoffen oder Spurenelementen versorgt. Viele publizierte Diäten sind nämlich einseitig in ihrem Nährstoffgehalt und deshalb gar nicht so ungefährlich – da können als Mangelerscheinungen Müdigkeit und Unwohlsein auftreten, so daß nur allzuoft die Diät abgebrochen werden muß. Erfolgreich abnehmen setzt auch voraus, daß wir uns viele Unarten beim Essen abgewöhnen – falsche Eßgewohnheiten, die sich meist schon in der Kindheit eingeschlichen haben oder uns anerzogen worden sind. Und auch der Griff zur Praline oder zum Schnaps – aus Ärger, Unmut oder Streß – ist kein wahrer Trost, sondern hat nur ein weiteres Ungleichgewicht unserer Energiebilanz und damit ein weiteres Fettpölsterchen zur Folge. Überhaupt sind in der Regel die Dicken viel anfälliger für gute Küchengerüche als dünne Menschen und können dem Duft eines leckeren Schweinebratens oder eines knusprigen Brotes viel weniger widerstehen …

Die Kartoffeldiät – gesund und erfolgversprechend

Unmut kann – wie schon gesagt – auch entstehen, wenn die kalorienreduzierte Ernährung langweilig wird, doch hier kann die Kartoffel abhelfen. Sie ist ja nicht nur vielfältig, was ihre Inhaltsstoffe anbetrifft, sie ist auch genauso vielseitig zuzubereiten.

„Kartoffeln können deshalb sehr gut bei Schlankheitskuren verwendet werden", sagt Prof. Dr. J. C. Somogyi, ein berühmter Schweizer Ernährungswissenschaftler und ehemaliger Präsident der Schweizer Gesellschaft für Ernährung. Mit Kartoffeln als Grundlage einer Schlankheitsdiät kann also das Abnehmen zum Vergnügen werden! Prof. Somogyi hat auf der Basis einer 1000-Kalorien-Tagesdiät raffinierte Menüvorschläge mit Kartoffeln erarbeitet, denen derjenige, der wirklich abnehmen will, nicht widerstehen kann. Diese Menüvorschläge sind für eine Woche erstellt worden – und wer sich an die Vorgaben hält, wird auch Erfolg haben! Die Diät läßt sich ohne Probleme wiederholen, und natürlich lassen sich dabei ihre einzelnen Komponenten immer wieder austauschen. Eine Kartoffel-Diät kann nie langweilig werden!

Und vergessen Sie nicht, daß
- genug körperliche Bewegung den Erfolg mitbestimmt,
- alkoholische Getränke gemieden werden müssen,
- als Durstlöscher Mineralwasser, Tee oder Kaffee ohne Zucker und Milch in Betracht kommen,
- sich auch Kartoffelfertigprodukte sehr gut für diese Diät eignen, denn so können Sie teilweise viel Zeit bei der Menüzubereitung sparen.

1. Tag

981 Kalorien

Frühstück	**273 kcal**	Kaffee oder Tee mit 3 EL (50 ml) Vollmilch, 2 dünne Scheiben (75 g) Vollkorn-Schwarzbrot, 1 TL (5 g) Butter, 1 weich- oder hartgekochtes Ei
2. Frühstück	**57 kcal**	1 Apfel (120 g)
Mittagessen	**282 kcal**	Kartoffeln gratiniert (siehe Rezept), 50 g Endiviensalat mit Salatsoße 2, 1 Tasse Kaffee mit 1 EL (15 ml) Milch
Nachmittag	**120 kcal**	1 Becher (150 g) Trinkmilch-Joghurt natur
Abendessen	**249 kcal**	Kartoffel-Fleischsalat (siehe Rezept), schwarzer Tee oder Früchtetee evtl. mit Süßstoff
	981 kcal (4100 kJ)	

Kartoffeln gratiniert

1 TL (5 g) Öl, 1 Zwiebel, 200 g Kartoffeln, 6 EL (100 ml) Fleischbrühe, 1 TL (5 g) Butter, 10 g Schmelzkäse (20 % Fett i. Tr.)

Eine flache Auflaufform mit Öl einfetten, Zwiebelwürfel hineinstreuen. 2 mm dicke Kartoffelscheiben dachziegelartig hineinschichten. Mit Brühe übergießen, zugedeckt bei 200 Grad/Gasherd Stufe 3 etwa 40 Minuten im Backofen garen. Deckel abnehmen, die Kartoffeln mit Butter- und Käseflöckchen besetzen und noch etwa 5 Minuten weiterbacken.

Kartoffel-Fleischsalat

100 g mageres gekochtes Rindfleisch, 100 g gekochte Kartoffeln, 125 g Salatgurke, 2 Tomaten, je 1 EL Dill, Petersilie und Schnittlauch, 1 Portion Salatsoße 1

Fleisch, Kartoffeln und Gemüse in Scheiben in eine Schüssel schneiden. Feingeschnittene Kräuter und Salatsoße daruntermischen, etwas durchziehen lassen.

Kalorienarme Salatsoßen

Salatsoße 1
1 EL Joghurt (15 g), 3 EL fettlose Fleischbrühe, Zitronensaft oder Essig, Salz, Streuwürze, nach Belieben gehackte Zwiebel, Kräuter und/oder Pfeffer

Salatsoße 2
1 EL Joghurt (15 g), 1 EL Magermilch, 1 Löffelspitze Senf, Zitronensaft, Salz, Pfeffer, evtl. gehackte Zwiebel, Schnittlauch

Je nach Saison frische Kräuter waschen und fein schneiden oder fertige TK-Kräutermischung verwenden. Alle Zutaten jeweils verquirlen und kräftig würzen.

Frühstück	**253 kcal**	Kaffee oder Tee mit 6 EL (100 ml) Vollmilch, 1 (40 g) Brötchen, 1 dünne Scheibe (35 g) Roggen-Vollkornbrot, 1 Scheibe (30 g) Käse (20 % Fett i. Tr.)
2. Frühstück	**70 kcal**	150 ml (gut 1/8 l) Apfelsaft
Mittagessen	**371 kcal**	Gefüllte Kartoffeln mit Hackfleisch (siehe Rezept), 150 g Tomatensalat mit Salatsoße 2 (siehe S. 9), 1 Tasse Kaffee mit 1 EL (15 g) Milch
Nachmittag	**90 kcal**	1 Becher (150 g) Früchte-Joghurt aus Magermilch
Abendessen	**278 kcal**	2 Scheiben (75 g) magerer gekochter Schinken, Apfel-Kartoffelsalat (siehe Rezept), Tee oder Mineralwasser
	1062 kcal (4440 kJ)	

Gefüllte Kartoffeln mit Hackfleisch

3 mittelgroße (250 g) Kartoffeln, 1/4 l fettfreie Fleischbrühe, 100 g Beefsteakhack, 1 Zwiebel, 2 EL frische Petersilie, Gewürze nach Belieben, 1 EL (10 g) geriebener Käse (30 % Fett i. Tr.)

Kartoffeln schälen, waschen, etwas aushöhlen und in eine kleine feuerfeste Auflaufform setzen. Brühe angießen, Deckel auflegen und Kartoffeln bei 200 Grad/ Gasherd Stufe 3 im vorgeheizten Backofen 15 Minuten garen. In der Zwischenzeit das Ausgehöhlte der Kartoffeln fein schneiden. Petersilie waschen und fein hacken. Zwiebel ebenfalls fein schneiden. Kartoffelstücke, Petersilie und Zwiebel mit Hack und Gewürzen vermengen. Die im Ofen gegarten Kartoffeln damit füllen. Mit geriebenem Käse bestreuen und weitere 20 Minuten ohne Deckel fertig backen.

Apfel-Kartoffelsalat

100 g Apfel (möglichst sauer), 100 g gekochte Kartoffeln, knapp 1 TL (3 g) Öl, Zitronensaft, Salz, Pfeffer, 1 Spritzer Süßstoff

Apfel und Kartoffeln in feine Scheiben schneiden. Öl, Zitronensaft, evtl. etwas Wasser und Gewürze verrühren und untermischen, abschmecken. Den Salat etwas durchziehen lassen.

Frühstück	**230 kcal**	Kaffee oder Tee mit 6 EL (100 ml) Vollmilch, 2 dünne Scheiben (75 g) Vollkornbrot, 1 TL (5 g) Butter, 50 g Magerquark, evtl. Schnittlauch
2. Frühstück	**57 kcal**	1 Apfel (120 g)
Mittagessen	**350 kcal**	Knödel mit Tomatensoße (siehe Rezept), 200 g Gurkensalat mit Salatsoße 2 (siehe S. 9)
Nachmittag	**90 kcal**	1 Becher (150 g) Früchte-Joghurt aus Magermilch
Abendessen	**210 kcal**	Kartoffelsuppe mit Sellerie oder Fenchel (siehe Rezept)
	937 kcal (3920 kJ)	

Knödel mit Tomatensoße

2 Knödel im Kochbeutel, 4 kleine (200 g) Tomaten, 1 kleine Zwiebel, 10 g Butter, Salz, Pfeffer, Thymian, Majoran, Petersilie, gekörnte Brühe

Knödel nach Vorschrift zubereiten. Für die Soße die Tomaten würfeln. Feingeschnittene Zwiebel in Butter andünsten, Tomaten dazugeben und 10 bis 15 Minuten garen. Mit den Gewürzen, Kräutern und der gekörnten Brühe abschmecken.

Kartoffelsuppe mit Sellerie

2 Tassen (300 ml) Wasser, 1 Brühwürfel für 1/4 l, 50 g mageres Rindfleisch, 100 g Kartoffeln, 200 g Sellerie oder Fenchel, Petersilie, Salz

Wasser mit dem Brühwürfel zum Kochen bringen. In der Zwischenzeit das Rindfleisch in feine Streifen schneiden und 15 Minuten in der Brühe kochen lassen. Kartoffeln schälen und in feine Streifen schneiden. Sellerie oder wahlweise Fenchel putzen und ebenfalls in dünne Streifen schneiden. Gemüse und Kartoffeln für weitere 20 Minuten in der Suppe mitgaren. Zum Schluß Petersilie waschen, kleinhacken und unterrühren, mit Salz abschmecken.

Frühstück	**275 kcal**	Kaffee oder Tee mit 6 EL (100 ml) Magermilch, 2 dünne Scheiben (75 g) Roggen-Schwarzbrot , 1 TL (5 g) Butter, 1 weich- oder hartgekochtes Ei
2. Frühstück	**100 kcal**	1 Scheibe Knäckebrot, 1 Scheibe (30 g) Käse (20 % Fett i. Tr.), 1 Salzgurke
Mittagessen	**295 kcal**	6 EL (100 ml) Tomatensaft, 100 g gegrilltes Kalbfleisch, 200 g gegarte grüne Bohnen mit 1 TL (5 g) Butter und gehackter Petersilie vermischt (siehe Rezept), 1 kleine (50 g) Salzkartoffel, 120 g Obstsalat aus der Dose
Nachmittag	**18 kcal**	Kaffee mit 1 EL (15 g) Kaffeesahne
Abendessen	**301 kcal**	250 g Pellkartoffeln mit 50 g Hüttenkäse (siehe Rezept), 120 g Apfelschaum (siehe Rezept)
	989 kcal (4140 kJ)	

Kalbssteak mit Bohnen

200 g grüne Bohnen, Bohnenkraut, Salz, 1 TL (5 g) Butter, 1 EL gehackte Petersilie, 1 Kalbssteak (100 g), Pfeffer

Bohnen abfädeln, in Stücke brechen und mit etwas Bohnenkraut in Salzwasser garen. Abgießen und mit Butter und Petersilie durchschwenken. Das Kalbssteak mit Salz und Pfeffer würzen und unter dem vorgeheizten Grill von jeder Seite 3 – 4 Minuten grillen. Mit den Bohnen zusammen anrichten.

Pellkartoffeln mit Hüttenkäse

250 g Pellkartoffeln, Salz, Kümmel, Wasser, 50 g Hüttenkäse, Schnittlauch

Kartoffeln gut waschen und mit Salz, evtl. etwas Kümmel und Wasser in einem Kochtopf mit fest schließendem Deckel zum Kochen bringen und anschließend bei schwacher Hitze 20 – 25 Minuten garen. In der Zwischenzeit Schnittlauch waschen, kleinschneiden und mit dem Hüttenkäse vermischen. Die fertigen Pellkartoffeln mit dem Hüttenkäse servieren.

Apfelschaum

1/2 Eiweiß, 1 TL (5 g) Zucker, 1 TL Zitronensaft, 1 großer (150 g) Apfel

Eiweiß so lange schlagen, bis der Eischnee schnittfest ist. Zucker und Zitronensaft unterschlagen. Den Apfel schälen und mit einer Küchenreibe auf den Eischnee raspeln. Anschließend ebenfalls unterheben. Apfelschaum in eine Dessertschale füllen und sofort servieren. Nur für kurze Zeit im Eisschrank haltbar.

Frühstück	**260 kcal**	Kaffee oder Tee mit 3 EL (50 ml) Vollmilch, 2 dünne Scheiben (75 g) Roggen-Schwarzbrot, 1 TL (5 g) Butter, 1 weich- oder hartgekochtes Ei
2. Frühstück	**90 kcal**	1 Becher (150 g) Diät-Früchte-Joghurt aus Magermilch
Mittagessen	**299 kcal**	6 EL (100 ml) ungesüßter Orangensaft, 1 Forelle in Folie (siehe Rezept), 150 g Dillkartoffeln, 100 g tiefgekühlte Himbeeren oder Aprikosen (ohne Zucker)
Nachmittag	**57 kcal**	1 Apfel (120 g)
Abendessen	**299 kcal**	Kartoffel-Fleischauflauf (siehe Rezept), 50 g grüner Salat mit Salatsoße 2 (siehe S. 9), 1/2 Grapefruit (200 g)
	1005 kcal (4210 kJ)	

Forelle in Folie

1 Forelle (250 g), Zitronensaft, Salz, Pfeffer, 1 Stück Zitronenschale, 1 Blättchen Salbei, Dill zum Garnieren

Forelle waschen, trockentupfen, mit Zitronensaft beträufeln, innen und außen mit Salz und Pfeffer einreiben, Zitronenschale und Salbei in den Bauch geben. Die Forelle in Alufolie einwickeln und pro Seite 7 Minuten unter dem vorgeheizten Grill garen. Oder bei 200 - 225 Grad /Gasherd Stufe 3 - 4 im Backofen etwa 20 Minuten dünsten.

Kartoffel-Fleischauflauf

100 g Kartoffeln, 100 g Champignons, 50 g Hackfleisch, 2 EL Petersilie, 1 Tomate (50 g), 1 Ei, 6 EL (100 ml) Fleischbrühe, Salz, Pfeffer

Kartoffeln schälen, in Scheiben schneiden und in wenig Salzwasser 10 Minuten kochen. Abgießen, in eine kleine Auflaufform geben. Inzwischen blättrig geschnittene Champignons, Hackfleisch und Petersilie in eine beschichtete Pfanne geben und andünsten, bis es duftet. Dann auf die Kartoffeln verteilen. Tomate brühen, abziehen, vierteln, entkernen und würfeln. Über das Pilzfleisch geben. Ei und Fleischbrühe verquirlen, kräftig würzen und über den Auflauf gießen. Bei 200 Grad/Gasherd Stufe 3 etwa 20 Minuten überbacken.

6. Tag

958 Kalorien

Frühstück	**273 kcal**	Kaffee oder Tee mit 3 EL (50 ml) Vollmilch, 2 dünne Scheiben (75 g) Roggen- oder Schwarzbrot , 1 TL (5 g) Butter, 1 weich- oder hartgekochtes Ei
2. Frühstück	**57 kcal**	1 Apfel (120 g)
Mittagessen	**271 kcal**	Joghurt-Kartoffelsalat mit Ei (siehe Rezept), 50 g Tomatensalat mit Essig, Salz, Pfeffer abgeschmeckt
Nachmittag	**90 kcal**	1 Becher (150 g) Früchte-Joghurt aus Magermilch
Abendessen	**267 kcal**	Kartoffel-Pizza (siehe Rezept)
	958 kcal (4010 kJ)	

Joghurt-Kartoffelsalat

200 g Kartoffeln mit Schale gekocht, 1 TL feingehackte Zwiebeln, 3 EL Fleischbrühe, Essig, Salz, Pfeffer, 1 Spritzer Süßstoff, 2 EL (30 g) Joghurt aus Trinkmilch oder Dickmilch, 1 EL TK-Salatkräuter, 1 hartgekochtes Ei

Die Kartoffeln nach dem Grundrezept für Pellkartoffeln zubereiten. Die ausgekühlten Pellkartoffeln pellen und in nicht zu dünne Scheiben schneiden, feingehackte Zwiebeln dazugeben. Fleischbrühe mit Essig, Salz, Pfeffer und Süßstoff kräftig abschmecken, darübergießen, gut durchziehen lassen. Mit Joghurt und tiefgekühlten oder frischen Kräutern vermischen und abschmecken. Das hartgekochte Ei vierteln und den Kartoffelsalat damit garnieren. Dazu den Tomatensalat reichen.

Kartoffel-Pizza

1 EL Zwiebelwürfel, 50 g Paprikastreifen, 1 mittelgroße Tomate, 50 g Champignons, wenig Wasser, Cayennepfeffer, Majoran, Basilikum, Rosmarin, Thymian, Salbei (es genügt evtl. auch nur Majoran), 50 g Kroketten-Kartoffelpulver, 3/8 l Wasser, 1 EL geriebener Käse

Zwiebel, Paprika, Tomatenachtel und blättrig geschnittene Champignons in ganz wenig Wasser 20 Minuten dünsten. Mit Gewürzen und Kräutern abschmecken. Krokettenpulver mit Wasser vermengen und drei 1 cm dicke, runde Teigstücke ausrollen. Mit dem Gemüse belegen und mit geriebenem Käse bestreuen. Pizzas in einer beschichteten Pfanne ohne Fett auf schwacher Hitze etwa 5 Minuten braten.

Frühstück	**200 kcal**	Kaffee oder Tee, 2 dünne Scheiben (75 g) Grahambrot , 1 EL (20 g) Konfitüre
2. Frühstück	**85 kcal**	10 g magerer roher Schinken, 1 Scheibe (35 g) Roggen- oder Schwarzbrot
Mittagessen	**310 kcal**	Kartoffelsuppe mit Möhren und Fleischwurst (siehe Rezept), 50 g grüner Salat mit Salatsoße 2 (siehe S. 9)
Nachmittag	**18 kcal**	1 große Tomate (100 g)
Abendessen	**380 kcal**	Kartoffeln und grüne Soße mit gekochtem Rindfleisch (siehe Rezept)
	993 kcal (4160 kJ)	

Kartoffelsuppe mit Möhren

100 g Kartoffeln, 200 g Möhren, 50 g Fleischwurst, 2 Tassen (300 ml) Wasser, 1 Brühwürfel für 1/4 l, Petersilie, Schnittlauch

Kartoffeln schälen und zusammen mit Möhren und Fleischwurst in feine Streifen schneiden. Wasser mit Brühwürfel zum Kochen bringen. Kartoffeln, Möhren und Wurst dazugeben und etwa 20 Minuten kochen lassen. Kräuter waschen, kleinschneiden und unterrühren. Die Suppe mit Salz abschmecken. Dazu den grünen Salat reichen.

Kartoffeln mit Rindfleisch

150 g sehr mageres Rindfleisch, 1 Packung TK-Suppengrün, 3 kleine (200 g) Kartoffeln, 1 EL (15 g) saure Sahne, 2 EL (30 g) Joghurt, 1 TL Senf, Salz, viele Kräuter oder 2 EL TK 8-Kräuter-Mischung

Rindfleisch mit dem Suppengrün in kochendes Salzwasser geben und etwa 1 Stunde kochen. Inzwischen die Kartoffeln mit Schale kochen, abgießen und pellen. Saure Sahne, Joghurt, Senf, Salz und Kräuter verrühren. Zusammen anrichten.

Was man alles aus Kartoffeln machen kann

Kartoffeln sind einfach universell. Die Vielseitigkeit der Knolle, ihre unzählbaren Varianten machen sie für die Kochkunst so reizvoll. Allerdings sind auch einige Kenntnisse erforderlich, damit die Kartoffel in jeder Zubereitungsart zu einem echten Genuß wird. Folgende Grundfehler werden immer gemacht:

Die Kartoffeln werden bereits morgens geschält, dann in das Wasser gelegt und erst mittags als Salzkartoffeln gekocht.

Die Kartoffeln werden bis oben mit Wasser bedeckt und ohne Deckel gekocht.

Die Kartoffeln werden vorgekocht, gepellt und dann warm gehalten.

Die Kartoffeln werden im Druckkochtopf über das nötige Maß hinaus gegart.

Zuviel Wasser bedeutet, daß man mit dem Ausgießen des Wassers zuviele Inhaltsstoffe der Kartoffel weggießt. Zu langes Aufbewahren und zu langes Kochen hat Verlust an Eigengeschmack zur Folge. Deshalb sollten Kartoffeln möglichst in der Schale gekocht werden. Verwenden Sie auch immer gleich große Knollen, damit sie alle zur gleichen Zeit gar sind. Die gekochten Kartoffeln sollten, nachdem das Wasser abgegossen ist, noch kurz im offenen Topf gedämpft werden; ein Stich Butter erhöht ihren Eigengeschmack. Essen Sie die Kartoffeln gleich nach dem Kochen, denn ein zu langes Warmhalten vermindert nicht nur ihre inneren Werte, sondern unsere wohlschmeckenden Kartoffeln könnten dann auch fade schmecken.

Pellkartoffeln

Um die wertvollen Inhaltsstoffe zu erhalten, sollten Kartoffeln möglichst als Pellkartoffeln zubereitet werden, insbesondere die Frühkartoffeln.

Grundrezept

Rezept für 4 Personen
1 kg Kartoffeln, Kochtyp: festkochend bzw. vorwiegend festkochend

Kartoffeln gut waschen, evtl. abbürsten. In einen Kochtopf mit fest schließendem Deckel geben. 1 TL Salz, evtl. 1 TL Kümmel und Wasser (etwa 1/4 l) dazugeben, zum Kochen bringen und auf schwacher Hitze 20 – 25 Minuten garen. Sofort Wasser abgießen und im offenen Topf ca. 2 Minuten abdampfen lassen, ein- bis zweimal umschütteln, bis die Kartoffeln abgetrocknet sind. In einer Schüssel mit Stoffserviette und Deckel bedeckt servieren. Für die Weiterverarbeitung die Kartoffeln lauwarm pellen oder wie im Rezept angegeben verwenden.

Salzkartoffeln

Immer noch kommen in der deutschen Küche normale Salzkartoffeln am häufigsten auf den Tisch. Salzkartoffeln sind – auch wenn mancher sie für einfallslos halten mag – eine Delikatesse, wenn sie aus frischen Frühkartoffeln zubereitet werden.

Grundrezept

Rezept für 4 Personen
1 kg Kartoffeln, Kochtyp: festkochend bzw. vorwiegend festkochend

Kartoffeln waschen, dünn schälen, halbieren oder in gleich große Stücke schneiden, in kaltes Wasser legen, aber nicht über längere Zeit wässern. Die Kartoffeln in einen Kochtopf mit fest schließendem Deckel geben, etwa 1 TL Salz und 1/4 l Wasser daraufgeben und zum Kochen bringen. In etwa 20 Minuten auf schwacher Hitze garen. Die Kartoffeln sind gar, wenn man beim Einstechen mit einem spitzen Küchenmesser keinen Widerstand mehr spürt. Kartoffeln abgießen und ohne Deckel etwa 2 Minuten abdampfen lassen, dabei aufschütteln. Werden die Kartoffeln nicht gleich serviert, ein zusammengefaltetes Geschirrtuch, das den Dampf aufnimmt, zwischen Topf und Deckel legen.

Tip

Frühkartoffeln (Juni – August) mit kochendem Wasser aufsetzen, das verkürzt die Garzeit.

Kartoffelsalat

Kartoffelsalat wird zwar im Handel küchenfertig angeboten, aber es geht doch nichts über einen leckeren, deftigen, frischen Kartoffelsalat, den man auch noch vielfältig variieren kann.

Grundrezept

Rezept für 4 Personen
750 g Kartoffeln, Kochtyp: festkochend; Salz, 1/4 l Wasser, etwa 4 EL Essig, Pfeffer, 1 Prise Zucker, 1 kleine Zwiebel, 6 EL Öl, 1 EL Schnittlauchröllchen, 1 EL gehackte Petersilie

Die Kartoffeln in der Schale kochen, pellen und abkühlen lassen. In Scheiben schneiden. 1/4 l kochendes Wasser mit Essig, Salz, Pfeffer und Zucker verrühren, über die Kartoffeln gießen und 1 – 2 Stunden durchziehen lassen. Restliche Flüssigkeit abgießen, die übrigen Zutaten unterrühren.

Tip

Kartoffelsalat kann mit frischen Gurken, Eischeiben oder auch mit Fisch variiert werden. Besonders gut sieht er aus, wenn Sie ihn mit Petersilie, Kapern, Mixed Pickles oder gekochtem Ei verzieren. Statt Öl kann man auch 100 g Mayonnaise unter den Salat mengen. Kartoffelsalat paßt zu Frikadellen, Würstchen und Fisch und ist auch ideal fürs Picknick geeignet.

Bratkartoffeln

Die Kartoffeln aus der Pfanne, schön goldbraun und kroß gebraten, sind Hit und Geheimtip zugleich. Mit Speck und Zwiebeln veredeln sie jedes Fleischgericht. Es gibt Restaurants, die einen Teil ihres guten Rufes auf die Qualität ihrer Bratkartoffeln gründen. Zwei Zubereitungsarten sind geläufig: Bratkartoffeln aus gekochten und aus rohen Kartoffeln. Beide haben ihre Anhängerschaft.

Grundrezept

Rezept aus rohen Kartoffeln für 4 Personen
1 kg Kartoffeln, Kochtyp: festkochend; 6 EL Öl oder 60 g Schweineschmalz, 1 Zwiebel, Salz, Pfeffer

Rohe Kartoffeln schälen und in dünne Scheiben schneiden oder auch in Würfel oder Stifte. Öl oder Schmalz in der Pfanne erhitzen, die Kartoffeln dazugeben, die gewürfelten Zwiebeln darüberstreuen. Bei mittlerer Hitze zunächst 10 Minuten bei geschlossenem Deckel anbraten, dabei ab und zu wenden. Salzen, pfeffern und in der offenen Pfanne noch ca. 15 Minuten rösten.

Tip

Die roh gebratenen Kartoffeln schmecken besonders gut, wenn man sie mit Speck zubereitet. Die Speckwürfel werden in Öl oder Schmalz hellgelb gedünstet, nach dem Auslassen aus der Pfanne genommen und erst zum Schluß wieder zugefügt.

Rösti

Rösti gibt es auch im Handel als tiefgekühltes Produkt oder bratfertig in Alu-Beuteln verpackt. Diese Rösti wiegen etwa 100 g je Stück. Wie bei Kartoffelpuffern ist es auch bei Rösti eine Frage der Zeit, ob man zum Fertigprodukt oder zur Reibe greift.

Grundrezept

Rezept für 4 Personen
1 kg Pellkartoffeln, Kochtyp: vorwiegend festkochend; Salz, 50 g durchwachsener Speck, 50 g Schweineschmalz

Die am Vortag gekochten und gepellten Kartoffeln grob raspeln und mit Salz bestreuen. Speck würfeln und mit dem Schweineschmalz in eine Pfanne geben. Speck hellgelb werden lassen. Die Kartoffelraspel hineingeben und anbraten, nach Bedarf wenden. Kartoffeln gleichmäßig in der Pfanne verteilen. Einen Deckel auflegen und auf schwacher Hitze in 10 – 15 Minuten langsam bräunen, dann auf einen Teller stürzen, mit der gebräunten Seite nach oben wieder in die Pfanne gleiten lassen und die zweite Seite bräunen.

Tip

Rösti lassen sich besonders gut in schweren, gußeisernen oder beschichteten Pfannen zubereiten. Möglichst gleichmäßige und nicht zu starke Hitze machen die Rösti ebenmäßig knusprigbraun. Besonders lecker sind Rösti zu Kalbsgeschnetzeltem.

Kartoffelsuppe

Kartoffelsuppe wird als Instant-Pulver angeboten. Ihr großer Vorteil: Durch Zugabe von kochend heißem Wasser ist sie sofort tischfertig. Die Zubereitungsanweisung steht auf der Packung. Die Kartoffelsuppe ist jedoch auch sehr einfach selbst herzustellen.

Grundrezept

Rezept für 4 Personen
750 g Kartoffeln, Kochtyp: mehligkochend; 1 Bund Suppengrün, 1 Zwiebel, 50 g durchwachsener Speck, 2 EL Öl, 1 l Wasser, 1 Brühwürfel für 1 l, Pfeffer, 1 Bund Petersilie, 1 Bund Schnittlauch

Kartoffeln schälen und würfeln. Suppengrün putzen und kleinschneiden. Zwiebel und Speck in feine Würfel schneiden und im Öl in einem Topf hellgelb dünsten. Wasser, Brühwürfel, Kartoffeln und Suppengrün dazugeben, mit Pfeffer würzen und in ca. 30 Minuten gar kochen. Kartoffeln pürieren oder zerstampfen. Die Suppe abschmecken und mit gehackten Kräutern bestreuen.

Tip

Durch die Zugabe von geröstetem Brot und Zwiebelringen, Speck, Würstchen oder Rauchfleisch, frischem vorgekochtem Gemüse, Gemüse aus der Dose oder Tiefkühlgemüse kann man die Suppe nach eigenem Geschmack variieren.

Kartoffelpüree

Ein ausgezeichnetes Kartoffelpüree ergeben die im Handel als Granulat, Flocken oder Pulver angebotenen Fertigprodukte. Die Zubereitungsanleitung steht auf jeder Packung. Je nach Fertigpüreesorte werden heißes Wasser und Milch oder nur noch heißes Wasser eingerührt. Kartoffelfans schwören allerdings immer noch auf selbstgemachtes Püree.

Grundrezept

Rezept für 4 Personen
1 kg Kartoffeln, Kochtyp: mehligkochend; Salz, 1/4 l Wasser, etwa 1/4 l Milch, 30 g Butter

Kartoffeln schälen, waschen, in größere Würfel schneiden. In einen Topf mit fest schließendem Deckel geben, Salz und Wasser dazugeben und zum Kochen bringen. In etwa 20 Minuten garen. Die Kartoffeln abgießen und durch die Kartoffelpresse geben oder zerstampfen. Inzwischen Milch und Butter erhitzen, dazugeben und das Püree cremig rühren.

Tip

Reste von Kartoffelpüree lassen sich sehr gut für Aufläufe verwenden. Mit Gemüse- und Fleischresten lassen sich so schnell leckere und preiswerte Gerichte herstellen. Außerdem kann man Reste sehr gut zum Andicken von Suppen nehmen.

Kartoffelkroketten

Kroketten werden tiefgekühlt, schon backfertig und als Fertigmischung im Handel angeboten. Die Zubereitungsanweisung steht auf jeder Packung. Bei kleinen Portionen ist das Fertigprodukt sicher vorzuziehen, für mehrere Portionen lohnt sich die Herstellung des frischen Kartoffelteigs.

Grundrezept

Rezept für 4 Personen
750 g Kartoffeln, Kochtyp: mehligkochend; Salz, 1 Ei oder 2 Eigelb, Muskat, Fett zum Ausbacken

Die Kartoffeln schälen und in Salzwasser garen, abgießen, dämpfen und sofort durch die Kartoffelpresse geben. Mit dem Ei oder Eigelb und Muskat vermengen. Den Teig abkühlen lassen. Dann eine 2 cm dicke Rolle daraus formen. Diese in 4 – 5 cm lange Stücke schneiden und in heißem Fett in einer tiefen Pfanne oder in der Friteuse 2 – 3 Minuten bei 180 Grad von allen Seiten schön goldbraun backen.

Tip

Krokettenmasse nie zu lange vor dem Ausbacken stehenlassen, da diese leicht Feuchtigkeit zieht. Kroketten grundsätzlich schwimmend in heißem Fett goldbraun backen. Nicht zuviel auf einmal in das Fettbad geben, damit die Kroketten nicht aneinanderkleben. Das Fett soll ca. 180 Grad erreichen.

Reibekuchen

Reibekuchen zu backen kann heute einfach, zeitsparend und mühelos sein: Sie werden vorgebacken und vakuumverpackt oder tiefgefroren angeboten. Aber auch aus Reibekuchenpulver, das nur noch in Wasser quellen muß, sind sie schnell und einfach herzustellen. Wer sich allerdings auf althergebrachte Art mit der Kartoffelreibe ans Werk begeben möchte, auch dem sei geholfen.

Grundrezept

Rezept für 4 Personen
1,5 kg Kartoffeln, Kochtyp: festkochend; 2 Zwiebeln, 2 EL (20 g) Mehl, 2 Eier, Salz, Pfeffer, Öl zum Backen

Die Kartoffeln schälen, waschen, reiben und zum Abtropfen auf ein Sieb geben. Die Zwiebeln fein hacken und in den Kartoffelteig geben. Dann Mehl und die Eier zugeben, mit Salz und Peffer abschmecken. Jeweils mit einer Kelle Teighäufchen in eine Pfanne mit heißem Fett geben, auseinanderstreichen und beidseitig goldbraun backen.

Tip

Besonders herzhaft schmecken die Reibekuchen, auch Kartoffelpuffer genannt, wenn man 200 g feingewürfelten, geräucherten Speck in den Teig gibt. Eine besondere Überraschung für Familie und Gäste ist eine Pufferparty, bei der man die Puffer in Anwesenheit der Gäste backt.

Gekochte Klöße

Gekochte Klöße gibt es auch als Pulver, als Fertigprodukt in Kochbeuteln oder tiefgekühlt. Die Zubereitungsanweisung steht auf jeder Packung. Es ist auch überhaupt nicht schwierig, gekochte Klöße aus frischen Kartoffeln herzustellen. Die Mühe lohnt sich.

Grundrezept

Rezept für 4 Personen
1 kg Kartoffeln, Kochtyp: mehligkochend; 1 Ei, 60 g Mehl, 20 g Speisestärke, Salz

Die Kartoffeln in der Schale kochen, pellen und sofort heiß durch die Kartoffelpresse geben, abkühlen lassen (oder die kalten Kartoffeln reiben). Ei, Mehl, Speisestärke und Salz untermengen. Aus dem Teig eine Rolle formen und in etwa 12 Stücke schneiden. Mit bemehlten Händen etwa gleich große runde Klöße daraus formen. Die Klöße in kochendes Salzwasser geben und in 15 – 20 Minuten gar ziehen lassen. Sind die Klöße gar, dann nimmt man sie am besten mit einem Schaumlöffel aus dem kochenden Wasser heraus, damit sie vor dem Servieren abtropfen können.

Tip

Klöße nach dem Einlegen nicht mehr kochen lassen. Das Wasser sollte sich nur leicht bewegen. Reste von Klößen schmecken übrigens sehr gut, wenn man sie in Scheiben schneidet und in heißer Butter brät.

Rohe Klöße

Rohe Klöße werden in vielfältiger Form angeboten: als Kloßpulver, tiefgekühlt oder in Kochbeuteln. Die Zubereitungsanweisung steht auf jeder Packung. Zeitaufwendiger ist die handgemachte Klößezubereitung.

Grundrezept

Rezept für 4 Personen
1 1/2 kg Kartoffeln, Kochtyp: mehligkochend; 1/2 l Wasser, Salz

Die Kartoffeln schälen und waschen. Eine Schüssel mit einem Geschirrtuch auslegen, kaltes Wasser hineingeben und 2/3 der Kartoffeln hineinreiben. Den Rest in Scheiben schneiden, in 1/2 l Salzwasser gar kochen und zu einem dünnen, glatten Brei zerstampfen. Die rohen Kartoffeln in dem Tuch aus dem Wasser nehmen, fest auspressen, Wasser in der Schüssel auffangen. Die ausgepreßten Kartoffeln mit dem heißen Brei übergießen. Kartoffelstärke, die sich in der Schüssel abgesetzt hat, dazugeben, salzen und alles gut durcharbeiten. Klöße formen, in kochendes Salzwasser geben und in 15 – 20 Minuten gar ziehen lassen, bis die Klöße hochkommen.

Tip

Wer eine Saftzentrifuge besitzt, kann die rohen Kartoffeln damit mühelos reiben und auspressen. Nehmen Sie zum Kochen von Klößen einen hohen Topf, damit sich die Knödel frei bewegen können.

Pommes frites

Pommes frites werden tiefgekühlt und sogar schon vorgegart und tiefgekühlt angeboten. Sie lassen sich schnell und problemlos in der Friteuse oder im Backofen zubereiten. Die Anweisung steht auf jeder Packung.

Grundrezept

Rezept für 4 Personen
750 g große Kartoffeln, Kochtyp: festkochend; Fett zum Ausbacken, Salz, evtl. Paprika

Die Kartoffeln schälen und mit dem Pommes frites-Schneider oder mit einem scharfen Messer in Stifte schneiden. Gut abtrocknen. Das Fett in einem Topf oder in der Friteuse auf 170 Grad erhitzen und die Kartoffeln partieweise etwa 4 Minuten vorbacken, nicht bräunen. Abkühlen lassen. Kurz vor Gebrauch noch einmal im 190 Grad heißen Fett etwa 3 Minuten bräunen. In ein Sieb geben und mit Salz und evtl. Paprika durchschütteln.

Tip

Sollten sich bei der Lagerung der Tiefkühl-Pommes frites Schneekristalle gebildet haben, sollten Sie diese entfernen, sonst würde das Fett spritzen. Man gibt die Pommes frites am besten in ein Sieb, taucht sie für 1 Sekunde in das heiße Fett und wartet dann mit dem Ausbacken so lange, bis das Fett nicht mehr brodelt. Nach dem Backen mit Salz bestreuen und gut durchschütteln.

Kartoffelchips

Kartoffelchips schmecken herrlich als Beilage zu Fisch, kurzgebratenem Fleisch, Geflügel und Wurst. Die im Handel erhältlichen Kartoffelchips sind luftdicht spezialverpackt und bleiben so frisch für den Verbraucher.

Grundrezept

Rezept für 4 Personen
750 g Kartoffeln, Kochtyp: vorwiegend festkochend; Fett zum Ausbacken, Salz, evtl. Paprikapulver

Die Kartoffeln schälen und auf dem Gurkenhobel in dünnen Scheiben in eine Schüssel mit Wasser hobeln. Waschen, bis das Wasser klar bleibt. Fett in einem Topf oder in der Friteuse auf 180 Grad erhitzen. Die gut abgetrockneten Kartoffelscheiben in mehreren Partien je 3 Minuten ausbacken. In einem Sieb gut abtropfen lassen und mit Salz und evtl. Paprikapulver durchschütteln.

Tip

Dip-Soßen, die es in allen möglichen Variationen gibt, schmecken sehr gut zu Kartoffelchips. Hier unser Vorschlag für einen Käse-Dip:

100 g Edelpilzkäse, 1 Becher saure Sahne (150 g), 1 EL feingeschnittener Schnittlauch, Pfeffer. Den Käse fein zerdrücken, alles gut vermischen und abschmecken.

Kartoffeln – lecker und vielseitig

So vielseitig die Grundzubereitungsarten der Kartoffel sind, so abwechslungsreich lassen sich Kartoffeln auch für die verschiedensten Mahlzeiten verwenden. Natürlich ist die Kartoffel hervorragend als Beilage zu den vielfältigsten Gerichten einsetzbar – die neue deutsche Küche hat sie geradezu als wesentlichen Bestandteil ihrer Kreationen wiederentdeckt. Aber genauso variabel läßt sich die Kartoffel als eigenständige Mahlzeit zubereiten. Damit sind nicht nur Suppen und Eintöpfe gemeint, sondern ebenso Ofengerichte, wie gebackene Kartoffeln oder Gratins, verschiedene Zubereitungen von Kartoffeln in der Pfanne, und natürlich sollen auch Kartoffelsalate vorgestellt werden.
Wie kaum ein anderes Produkt läßt sich die Kartoffel als pflanzliches Nahrungsmittel in jeder Zubereitung mit tierischen Nahrungsmitteln verbinden. Das macht ihren besonderen Wert aus – und auch ihre zahlreichen Verwendungsmöglichkeiten in der Küche, denn hierbei handelt es sich sowohl um ausgesprochen preisgünstige als auch um schmackhafte und sättigende Rezepte, die zudem allerhöchsten Ansprüchen genügen. Jedes Fleisch paßt zu Kartoffeln, Eier machen sie zum herrlichen Bauernfrühstück, und Quark und Pellkartoffeln sind eine Köstlichkeit für sich.
Aber auch in Verbindung mit anderen Gemüsen ergeben sich schmackhafte Kombinationen. Kartoffeln mit Porree oder Klöße mit Sauerkraut sind nur zwei von vielen pikanten Beispielen. Mit Kräutern schmecken sie natürlich besonders gut. Petersilie, Schnittlauch und Dill sind einfach ideal geeignet, den Geschmack der Kartoffel abzurunden.

Kartoffelsuppe „Fischer Vroni“

Rezept für 4 Personen

1 Packung Kartoffelsuppenpulver, 500 g Lauch, 3 – 4 EL Öl, Pfeffer, Salz, Cayennepfeffer, Knoblauchsalz, 1 l Wasser, 2 Tomaten (ca. 100 g), 250 g Schillerlocken

Lauch putzen, in ca. 2 cm lange Stücke schneiden, waschen und gut abtropfen lassen. Lauch in heißem Öl im geschlossenen Topf etwa 15 Minuten dünsten. Mit Pfeffer, Salz, etwas Cayennepfeffer und Knoblauchsalz würzen. Mit dem Wasser aufgießen und aufkochen. Topf von der Kochstelle nehmen und den Inhalt der Packung Kartoffelsuppe einrühren. Tomaten mit kochendem Wasser überbrühen, abgießen und die Haut abziehen, in kleine Würfel schneiden. Schillerlocken in Streifen schneiden und zusammen mit den Tomatenwürfeln in die Suppe geben, kurz erhitzen und servieren.

Kartoffel-Spinatsuppe

Rezept für 4 – 6 Personen

1 Packung Kartoffelsuppenpulver, 1 Packung TK-Spinat (450 g), 1 l Wasser, 2 Ecken Schmelzkäse (45 % Fett i. Tr.), 2 – 3 Knoblauchzehen, Pfeffer, Muskat, 1/2 TL Weinessig, 200 g gekochter Schinken, 4 EL Sahne

Spinat tiefgekühlt in das Wasser geben, langsam erwärmen und den Spinat dabei auftauen, aufkochen und 5 Minuten bei schwacher Hitze kochen lassen. Topf von der Kochstelle nehmen und das Kartoffelsuppenpulver mit dem Schneebesen einrühren. Schmelzkäse in Stücke schneiden und in der heißen Suppe zergehen lassen. Die Knoblauchzehen schälen und durch die Knoblauchpresse drücken, zur Suppe geben. Mit Pfeffer, Muskat und Weinessig abschmecken. Schinken in dünne Streifen schneiden und in der Suppe erhitzen. Zum Schluß die Sahne unterziehen. Suppe nach Belieben mit Schnittlauchröllchen bestreuen.

Hamburger Kartoffelsuppe

Rezept für 4 Personen

500 g Kartoffeln, Kochtyp: festkochend bzw. vorwiegend festkochend; 1/2 Sellerieknolle (ca. 200 g), 1 Stange Lauch, 1 große Petersilienwurzel, 3 Möhren (ca. 250 g), 2 Zwiebeln, 30 g Schweineschmalz, 1 l Fleischbrühe (aus gekörnter Brühe), 2 reife Tomaten, 100 g durchwachsener Räucherspeck, 1 Bund Petersilie

Die Kartoffeln schälen und in kleine Würfel schneiden, Sellerie, Lauch, Petersilienwurzel und Möhren putzen und ebenfalls fein würfeln. Zwiebeln fein hacken, im Schweineschmalz glasig dünsten, Kartoffeln und Gemüse dazugeben und mitdünsten, mit der Brühe auffüllen. Die Suppe ca. 1/2 – 3/4 Stunde garziehen lassen. Die Tomaten überbrühen, abziehen, entkernen und würfeln und in den letzten 10 Minuten mitgaren. Den Speck würfeln, kroß braten und mit der gehackten Petersilie über die Suppe streuen.

Kartoffelsuppe Rasputin

Rezept für 4 Personen

1 Packung Kartoffelsuppenpulver (4 Portionen), 400 g gekochtes Rindfleisch oder Bratenreste, 1 mittelgroße Salatgurke, 2 Möhren, 1 kleine Stange Lauch, 2 Zwiebeln, 50 g durchwachsener Räucherspeck, Butter zum Braten, 3/4 l Fleischbrühe (Würfel) oder Wasser, Salz, Pfeffer, 1 Becher saure Sahne, 2 EL feingehackte Kräuter wie Dill, Petersilie, Schnittlauch und Kresse

Rindfleisch oder Bratenreste fein würfeln oder in dünne Streifen schneiden. Die Gurke schälen, Möhren und Lauch putzen, alles in dünne Scheiben schneiden. Zwiebeln und Speck würfeln. Speck bei milder Hitze auslassen, Grieben herausnehmen und beiseite stellen. Etwas Butter zugeben, Möhren, Lauch und Zwiebeln darin dünsten, Gurkenscheiben zugeben, mit wenig Brühe oder Wasser aufgießen und weich dünsten. Kartoffelsuppenpulver in die übrige heiße Brühe (oder in das Wasser) einrühren, zusammen mit dem Fleisch zum Gemüse geben, noch einmal kurz erhitzen und mit Salz und Pfeffer würzen. Vor dem Servieren die saure Sahne auf die Suppe geben, mit den Speckgrieben und den feingehackten Kräutern bestreuen.

Tip:
Dazu schmecken geröstete Brotscheiben besonders gut: Etwas Butter mit wenig Knoblauch in der Pfanne erhitzen und die Brotscheiben von beiden Seiten darin rösten.

Nah-oatli-Eintopf

Rezept für 4 Personen

500 g Kartoffeln, Kochtyp: vorwiegend festkochend (die Kartoffeln sollen nicht größer als ein Ei sein); 500 g Kalbfleisch (Nuß), 250 g Champignons, 2 Zwiebeln, 100 g durchwachsener Speck, 1 EL Butter, 2 Knoblauchzehen, 1/4 TL Salbei, 1 Dose Mais (net 340 g), 1 Dose Indianerbohnen (net 400 g), 2 TL Tomatenmark, 1/4 l Fleischbrühe, Salz, Cayennepfeffer, Pfeffer

Die Kartoffeln in der Schale kochen, abkühlen lassen. Kalbfleisch in Streifen schneiden, Pilze vierteln. Zwiebeln und Speck würfeln, in Butter hellgelb dünsten. Kalbfleisch, durchgepreßten Knoblauch und Salbei dazugeben und durchbraten. Champignons dazugeben und alles etwa 15 Minuten schmoren. Inzwischen die Kartoffeln pellen und vierteln. Dann den Mais, die Indianerbohnen, das Tomatenmark und die Kartoffeln zum Fleisch geben und mit Fleischbrühe aufgießen. Mit Salz, Cayennepfeffer und Pfeffer abschmecken. Danach den Eintopf auf kleiner Flamme 10 Minuten kochen lassen und anschließend anrichten. Zu diesem Eintopf kann frisches Brot gereicht werden.

Tip:
Die Indianerbohnen – auch Kidney-Bohnen genannt – findet man in guten Supermärkten und gelegentlich auch beim Metzger. Die kleinen Kartoffeln werden im Handel auch unter der Bezeichnung „Klein & Fein" angeboten.

Lüneburger Kartoffelgulasch

Rezept für 4 Personen

1 kg Kartoffeln, Kochtyp: festkochend; 375 g Gulasch, 375 g Zwiebeln, 2 EL Butter, 1 EL Zucker, 2 EL Edelsüßpaprika, 1/2 l Wasser, Salz, 2 EL Majoran, flüssige Würze, 200 g süßsaure Gurken

Fleisch in 2 cm große Stücke schneiden. Zwiebeln schälen und grob würfeln. Fleisch in erhitzter Butter braun anbraten. Zwiebeln dazugeben und glasig andünsten. Dabei mit dem Zucker bestreuen. Danach Paprika hinzufügen und gut unterrühren. Mit etwa 1/2 l kochendem Wasser ablöschen, salzen und das Gulasch etwa 1 1/2 Stunden zugedeckt leise schmoren lassen. Inzwischen Kartoffeln kochen, pellen und in 2 cm große Würfel schneiden. Zum Gulasch geben, Majoran hinzufügen und gut durchkochen lassen. Mit Salz und flüssiger Würze abschmecken und die sehr fein gewürfelten Gurken dazugeben. Noch einige Minuten durchziehen lassen.

Sahnekartoffeln

Rezept für 4 Personen

1 kg kleine Kartoffeln, Kochtyp: vorwiegend festkochend; 60 g Butter, 2 Knoblauchzehen, 2 EL gehackte Zwiebeln, Salz, Pfeffer, 1 Becher (250 g) Sahne, 2 EL gehackte Petersilie

Die Kartoffeln waschen und gründlich bürsten, in wenig Wasser in der Schale etwa 20 Minuten garen. Dann abgießen, etwas abkühlen lassen und pellen. Butter in einer Kasserolle schmelzen, geschälte, durchgepreßte Knoblauchzehen, gehackte Zwiebeln, Salz und Pfeffer dazugeben. Die Kartoffeln hinzufügen und von allen Seiten darin anbraten. Sahne angießen, durchkochen lassen und alles mit gehackter Petersilie bestreuen. Sahnekartoffeln schmecken gut zu kurzgebratenem Fleisch, Fisch und gemischtem Salat oder einer bunten Rohkostplatte. Besonders lecker sind die Sahnekartoffeln, wenn man sie aus neuen Kartoffeln zubereitet.

Papas Columbianas

Rezept für 4 Personen

1 kg Kartoffeln, Kochtyp: vorwiegend festkochend; 3 große Tomaten (300 g), 200 g Allgäuer Emmentaler, 2 Zwiebeln, 20 g Butter, 1/8 l Milch, 1/2 TL frisch gemahlener Pfeffer, 1/8 TL Kreuzkümmel (Cumin), 1/2 TL Chillipulver, Salz, Butter zum Einfetten

Kartoffeln in der Schale in Salzwasser kochen, pellen, in Hälften schneiden und warm stellen. Inzwischen aus den Tomaten den Stielansatz herausschneiden, mit kochendem Wasser überbrühen, die Schale abziehen, halbieren, die Kerne entfernen und die Früchte würfeln. Den Käse reiben, die Zwiebeln fein würfeln, in der Pfanne in Butter goldgelb andünsten, Tomatenwürfel dazugeben und 5 Minuten köcheln lassen. Milch, Pfeffer, Kreuzkümmel, Chillipulver und Salz hinzufügen, den geriebenen Käse unterziehen und so lange rühren, bis der Käse geschmolzen ist. Nicht kochen lassen! Eine flache Schüssel mit Butter einfetten, Kartoffeln darin anrichten. Die heiße, dicke Tomaten-Käse-Soße darübergießen und sofort servieren.

Bechamelkartoffeln

Rezept für 4 Personen

1 kg Kartoffeln, Kochtyp: festkochend; Kümmel, Salz, 75 g durchwachsener Speck, 1 große Zwiebel, 1 EL Butter, 1 EL Mehl, 1/4 l Kalbsbrühe, 1/4 l Sahne, Salz, Pfeffer, Muskat

Kartoffeln in der Schale mit Kümmel und Salz in Wasser eben garen, pellen und warmstellen. Inzwischen den Speck in Streifen, die Zwiebeln in Würfel schneiden. In der Butter leicht bräunen. Mit Mehl überstäuben und rühren, bis sich das Mehl leicht färbt. Mit der Kalbsbrühe und der Sahne ablöschen. Mit Salz, Pfeffer und Muskat pikant abschmecken. Kartoffeln in Scheiben schneiden und in die Soße geben, durchziehen lassen. Evtl. mit Petersilie bestreut servieren.

Bayerische Sauerkrautklöße

Rezept für 4 Personen

1 Packung rohe Kartoffelklöße, 100 g Sauerkraut, 150 g Kasseler, 1 EL Schweineschmalz, 1 Zwiebel, 1 Knoblauchzehe, 1/8 l trockener Weißwein, 1 TL scharfer Senf, 1 Wacholderbeere, 1 Pimentkorn, 2 Nelken, Salz und Pfeffer

Den Inhalt der Packung rohe Kartoffelklöße nach Vorschrift anrühren. Inzwischen das Sauerkraut kleinschneiden. Das Kasseler in kleine Würfel schneiden und in Schweineschmalz anbraten. Die Zwiebel fein würfeln, Knoblauch durchpressen und beides mitdünsten. Sauerkraut hinzufügen und leicht bräunen. Mit Weißwein ablöschen und mit scharfem Senf, Wacholderbeere, Pimentkorn, Nelken, Salz und Pfeffer würzen. Etwa 25 Minuten garen, Gewürze herausnehmen. Nun aus dem vorbereiteten Teig mit nassen Händen 8 Klöße formen und in die Mitte jeweils 1 EL Sauerkraut geben. Die Klöße in kochendes Salzwasser legen und 20 Minuten bei schwacher Hitze ziehen lassen.

Tip:
Nehmen Sie zum Kochen von Klößen einen möglichst großen Topf, damit sich die Klöße während des Garziehens frei bewegen und drehen können.

Schweinsbraten mit Knödeln

Rezept für 4 Personen

1 Packung Bayerische Knödel, 800 g Schweinebraten mit Schwarte, Pfeffer, Salz, ganze Nelken, 1 Bund Suppengrün, 1 Zwiebel, 1 Knoblauchzehe, 2 TL Kümmel, 1/2 l Wasser, 1 gestrichener EL Speisestärke, Paprika

Die Schwarte des Bratens rautenförmig einschneiden. Fleisch mit Pfeffer und Salz einreiben. Nach Belieben Nelken in die Schnittpunkte stecken. Fleisch mit der Schwarte nach unten in den Bräter legen und heißes Wasser bis zum Schwartenrand dazugießen. In Würfel geschnittenes Suppengrün, Zwiebel und Knoblauch dazugeben. Bräter in den vorgeheizten Backofen schieben und bei 200 Grad/Gasherd Stufe 3 etwa 20 – 30 Minuten garen. Fleisch umdrehen und weitere 60 – 75 Minuten garen. Bei Bedarf heißes Wasser nachgießen. Schwarte ab und zu mit Salzwasser bestreichen. Für die Klöße inzwischen Kümmel grob hacken und in das kalte Wasser geben. Knödelpulver mit dem Schneebesen einrühren und 10 Minuten quellen lassen. Aus dem Kartoffelteig 8 Knödel formen, in kochendes Salzwasser legen, 20 Minuten bei schwacher Hitze ziehen lassen. Nicht mehr kochen! Fleisch herausnehmen, warm stellen. Bratfond mit Wasser lösen, durch ein Sieb gießen. Mit Wasser bis zu 3/8 Liter Flüssigkeit aufgießen, aufkochen und mit Speisestärke binden. Soße mit Paprika, Pfeffer und Salz abschmecken.

Pfälzer Zwetschgenknödel

Rezept für 4 Personen

1 kg Kartoffeln, Kochtyp: mehligkochend; 300 g Mehl, 2 kleine Eier, je eine Prise Salz und geriebene Muskatnuß, 500 g Zwetschgen, etwa 20 Stück Würfelzucker, 6 – 8 EL Semmelbrösel, 50 g Butter, Zucker und Zimt zum Bestreuen

Pellkartoffeln möglichst am Vortag kochen. Die erkalteten Kartoffeln pellen und reiben. Mehl und Eier dazugeben, gut durchmischen. Mit Salz und geriebener Muskatnuß würzen. Alles zusammen zu einem glatten Kartoffelteig kneten und eine Rolle daraus formen (Durchmesser ca. 7 cm). Zwetschgen entkernen, mit 1 Stück Würfelzucker füllen. Die Teigrolle in dicke Scheiben schneiden. Auf jede Scheibe eine Zwetschge legen und zu einem runden, glatten Knödel formen. Die Knödel in kochendem Salzwasser 10 – 15 Minuten ziehen lassen – nicht kochen! In der Zwischenzeit die Semmelbrösel mit der Butter rösten. Zwetschgenknödel auf einem Sieb abtropfen lassen und in den gerösteten Semmelbröseln wenden. Mit Zucker und Zimt bestreuen – sofort servieren! Ergibt ca. 20 Klöße.

Marillenknödel

Rezept für 4 Personen

1 Packung gekochte Klöße (für 8 Stück), 1/2 l Wasser, 8 Aprikosen (Marillen), 8 Stück Würfelzucker, 60 g Semmelbrösel, 30 g Butter oder Margarine, 10 g Puderzucker

Inhalt der Packung gekochte Klöße mit dem Schneebesen in das kalte Wasser einrühren und 5 Minuten quellen lassen. Aprikosen entsteinen und jede mit einem Stück Würfelzucker füllen. Aus dem Kartoffelteig 8 Knödel formen und in die Mitte je eine Aprikose geben. Knödel in kochendes Salzwasser legen und bei schwacher Hitze 20 Minuten ziehen lassen. Semmelbrösel in heißer Butter oder Margarine goldgelb rösten. Aprikosenknödel darin wenden und mit Puderzucker bestreut servieren.

Deftiger Kartoffelauflauf

Rezept für 4 Personen

1 kg Kartoffeln, Kochtyp: vorwiegend festkochend; 1/2 l Schlagsahne, 1/8 l Milch, 4 Eigelb, Butter für die Form, Salz, frisch gemahlener weißer Pfeffer, 80 – 100 g Butter, 100 g geriebener Emmentaler

Kartoffeln schälen, waschen und in dünne Scheiben schneiden oder hobeln. Schlagsahne mit der Milch aufkochen und abkühlen lassen. Eigelb verquirlen und einrühren. Auflaufform mit Butter einfetten. Kartoffelscheiben mit Küchenpapier trockentupfen, schuppenartig einlegen. Jede Schicht leicht salzen und pfeffern. Die Hälfte der Butter in Flöckchen darauf verteilen, mit dem Käse bestreuen. Darauf die Eigelb-Sahnemischung gießen. Mit der restlichen Butter in Flöckchen belegen. Im vorgeheizten Backofen bei 225 Grad/Gasherd Stufe 3 etwa 60 – 70 Minuten gratinieren. Evtl. 10 Minuten vor Ende der Garzeit mit Alufolie abdecken, damit der Auflauf nicht allzu braun wird.

Folienkartoffeln mit Beilagen

Rezept für beliebig viele Personen

Pro Person zwei große Kartoffeln (je etwa 200 g), Kochtyp: mehligkochend

Kartoffeln sorgfältig waschen und bürsten. Alufolie auf der Innenseite einfetten und die Kartoffeln einzeln darin einwickeln, dann auf dem Grillrost im Backofen bei 220 Grad/Gasherd Stufe 4 etwa 45 Minuten garen. Dann die Alufolie mit einem scharfen Messer einmal längs und einmal quer einschneiden. Kartoffeln von unten etwas auseinanderdrücken und servieren. Bei Frühkartoffeln kann auch die zarte Schale mitgegessen werden. Folienkartoffeln sind eine sehr beliebte Beilage zu gegrilltem Fleisch.

Dazu schmecken sehr gut:

1. Kräuterbutter aus 125 g Butter, 1/2 TL Salz, je 1 EL Petersilie, Schnittlauch, Dill und Kerbel (sehr fein gehackt), 1/2 TL Zitronensaft, 1/4 TL weißem Pfeffer.
2. Paprikabutter aus 125 g Butter, 2 EL flüssiger Paprikawürze, 1 EL Tomatenmark, 1 TL Sardellenpaste aus der Tube und 1 TL Zitronensaft. Abschmecken mit wenig Salz und 1 Spritzer Tabasco.
3. Doppelrahmfrischkäse, in appetitliche Würfel geschnitten. Auch mal mit etwas grünem Pfeffer gemischt.
4. Dicke saure Sahne im Kännchen, auch aus halb süßer, halb saurer Sahne gemischt.
5. Frische Gurken, Tomaten und Radieschen, die man bei Tisch schneidet und würzt.

Gefüllte Kartoffeln

Rezept für 4 Personen

12 mittelgroße Kartoffeln, Kochtyp: mehligkochend; Butter zum Einfetten, 3/4 l Fleischbrühe, 300 g Rinderhackfleisch, 1 Zwiebel, 1 Ei, Salz, Pfeffer, Muskat, flüssige Speisewürze und Petersilie

Kartoffeln schälen, waschen und etwas aushöhlen, in eine mit Butter gefettete feuerfeste Form setzen und mit Brühe angießen, zugedeckt im vorgeheizten Backofen bei 200 – 225 Grad/Gasherd Stufe 3 – 4 etwa 15 Minuten garen lassen. Inzwischen aus Rinderhack, feingehacktem Kartoffelinneren, feingewürfelter Zwiebel, Ei, Salz, Pfeffer, Muskat und Speisewürze einen Fleischteig herstellen. Die Kartoffeln damit füllen. Das Ganze ohne Deckel noch einmal 30 Minuten backen. Die fertigen Kartoffeln mit Petersilie bestreuen und servieren.

Porree im Kartoffelrand

Rezept für 4 Personen

1 Packung Flocken-Püree mit Milch (für 3 Portionen), 1 kg Porree (Lauch), 1/4 – 3/8 l gesalzenes Wasser, 20 g Butter, 1 EL (10 g) Mehl, 1 Ecke (62,5 g) Sahne-Schmelzkäse, Muskat, Pfeffer, Salz, 1/2 l Wasser, 1 EL Butter zum Einfetten, 75 g durchwachsener Räucherspeck in dünnen Scheiben

Porree putzen, waschen und in etwa 2 cm große Stücke schneiden. In kochendem Salzwasser ca. 15 Minuten garen, herausnehmen und abtropfen lassen. Kochwasser aufheben. Butter erhitzen, Mehl darin durchdünsten und mit 1/4 l Porreewasser ablöschen. Mehlschwitze aufkochen lassen und die Käseecke bei schwacher Hitze darin schmelzen. Soße mit Muskat, Pfeffer und evtl. noch Salz abschmecken und den Porree unterheben. Für das Püree 1/2 l kochendes Wasser in eine Schüssel gießen und die Püreeflocken einrühren. Eine feuerfeste Form ausfetten und das Kartoffelpüree mit einem Löffel locker am Rand verteilen. Porreegemüse in die Mitte füllen und Räucherspeckscheiben darauf legen. Im vorgeheizten Backofen bei 250 Grad/Gasherd Stufe 5 etwa 10 Minuten überbacken, bis der Püreerand leicht angebräunt und der Speck knusprig ist. Oder den Auflauf unter dem Grill gratinieren.

Kartoffel-Hähnchen-Pfanne

Rezept für 2 Personen

500 g Kartoffeln, Kochtyp: vorwiegend festkochend; 1/2 Bund Petersilie, 1 Stange Porree (200 g), 1 Bund Lauchzwiebeln, 2 Hähnchenkeulen, Salz, evtl. 1/2 Knoblauchzehe, Paprika, 2 EL Öl, gut 1/8 l (150 ml) Fleischbrühe

Kartoffeln schälen und vierteln, Petersilie kleinhacken, Porree in Scheiben schneiden, Lauchzwiebeln putzen. Die Hähnchenkeulen abspülen, trockentupfen, mit Salz, evtl. zerdrücktem Knoblauch und Paprika würzen und im Schmortopf in heißem Öl anbraten. Die Kartoffeln dazugeben und kurz mitbraten. Lauchzwiebeln, Porree, Petersilie und die Fleischbrühe hinzufügen. Alles bei 200 Grad/Gasherd Stufe 3 etwa 40 Minuten im geschlossenen Schmortopf im Backofen garen. Im Topf oder in einer feuerfesten, dekorativen Glasschüssel servieren.

Kartoffel-Käse-Auflauf

Rezept für 4 Personen

1 kg Kartoffeln, Kochtyp: festkochend; 100 g geräucherter, durchwachsener Speck oder Schinken, 150 g Emmentaler, Butter für die Form, 1/2 l Schlagsahne, Salz, Pfeffer, Muskat, 30 g Butter für Flöckchen

Kartoffeln schälen und mit dem Gurkenhobel in dünne Scheiben hobeln. Speck oder Schinken fein würfeln und Emmentaler reiben. Anschließend alles in die gebutterte Form schichten – zuerst je die Hälfte der Kartoffelscheiben, der Schinkenwürfel und vom Käse, dann wieder Kartoffeln, Schinken und Käse. Die Schlagsahne mit Salz, Pfeffer und Muskat würzen und darübergießen. Dann die Butterflöckchen aufsetzen und den Auflauf bei ca. 200 Grad/Gasherd Stufe 3 etwa 60 – 70 Minuten garen. Zu diesem leckeren Gericht passen hervorragend grüne oder auch andere herzhafte Salate.

Kartoffelschiffchen

Rezept für 2 – 4 Personen

4 große Kartoffeln (je 150 g), Kochtyp: mehligkochend; 125 g Allgäuer Emmentaler Käse, 200 g Champignons, 2 Eier getrennt, 60 g Butter, 1 EL gehackte, gemischte Kräuter, 1/2 TL Majoran, etwas Salz, Pfeffer, Muskat, 4 EL Crème fraîche, 8 Scheiben Frühstücksspeck

Die gut gesäuberten Kartoffeln mit Schale einzeln in Folie wickeln und im Backofen bei 200 Grad/Gasherd Stufe 3 etwa 50 Minuten garen. Die Kartoffeln halbieren und so aushöhlen, daß nur noch eine dünne Schicht in der Schale stehenbleibt. Inzwischen Käse würfeln, Champignons fein hacken. Eigelb mit Butter schaumig rühren, Käsewürfel, Champignons, das zerdrückte Kartoffelinnere, Kräuter, Gewürze, Crème fraîche und steifgeschlagenen Eischnee untermischen. Die Masse in die Kartoffelhälften füllen. Jede Hälfte mit einem aufgerollten Scheibchen Speck belegen, mit einem Holzstäbchen feststecken und die Kartoffelschiffchen bei 200 Grad/Gasherd Stufe 3 nochmals 20 – 30 Minuten backen. Dazu schmeckt ein gemischter Salat.

Westfälische Kartoffelpuffer

Rezept für 4 Personen

1 kg Kartoffeln, Kochtyp: vorwiegend festkochend; 1 Ei, 85 g Grieß, 85 g Mehl, 1 – 2 EL Majoran, 1 große Zwiebel, Salz nach Geschmack, frisch gemahlener Pfeffer, 30 g Schweineschmalz zum Einfetten

Kartoffeln schälen und grob reiben; sobald sich in der Schüssel Kartoffelwasser absetzt, 2 – 3 EL abfüllen. Ei, Grieß, Mehl, Majoran, feingehackte Zwiebel, Salz und Pfeffer unter den Kartoffelteig mischen, Backblech mit Schweineschmalz einfetten und den Kartoffelteig 1 1/2 – 2 cm dick darauf streichen. Speck in dünne Scheiben schneiden und den Teig damit belegen. Bei 200 Grad/Gasherd Stufe 3 etwa 45 – 60 Minuten backen.

Tomaten-Pilz-Auflauf

Rezept für 4 Personen

1 Packung Kartoffelpüree (4 Portionen), 40 g durchwachsener Speck, 1 Zwiebel, 2 EL Öl, 1 Dose Champignons (315 ml), Pfeffer, Salz, 500 g Tomaten, 1 EL Petersilie, Oregano, 1 gestr. TL Salz, 1/4 l Milch, Butter zum Einfetten, 60 g geriebener Emmentaler Käse

Speck und Zwiebel in kleine Würfel schneiden und in heißem Öl anrösten. Champignons auf einem Sieb abtropfen lassen, mit den Speck-Zwiebel-Würfeln andünsten, mit Pfeffer und Salz würzen. Tomaten mit kochendem Wasser überbrühen, die Haut abziehen, entkernen, in Achtel schneiden, dazugeben und kurz mitdünsten. Petersilie und Oregano darüberstreuen. Champignonwasser mit Wasser zu 1/2 l Flüssigkeit auffüllen, Salz dazugeben, aufkochen und in eine Schüssel gießen. Kalte Milch hinzufügen. Püreeflocken einstreuen und kurz unterrühren. Nach einer Minute das Püree mit dem Schneebesen durchrühren. In eine gefettete Auflaufform ein Drittel des Pürees geben und die Tomaten-Pilz-Masse darauf verteilen. Das restliche Püree daraufgeben, glattstreichen und den geriebenen Käse darüberstreuen. Den Auflauf im vorgeheizten Backofen bei 200 Grad/Gasherd Stufe 3 ca. 30 – 40 Minuten backen. Zu diesem Auflauf schmeckt ein grüner Salat.

Koteletts mit Herzoginkartoffeln

Rezept für 3 Personen

1 Packung Flocken-Püree mit Milch (für 3 Portionen), 3/8 l Wasser, Muskat, 20 g Butter, 2 Eigelb, Butter zum Einfetten, 3 Schweinekoteletts (ca. je 150 g), Pfeffer, Salz, Paprika, 3 – 4 EL Öl, 1/8 l Wasser, 1/8 l Sahne, 1 – 2 EL grüner Pfeffer, 1 EL Speisestärke, 1 EL gehackte Petersilie

Das Wasser zum Kochen bringen und in eine Schüssel gießen. Flocken-Püreepulver einrühren, Muskat, Butter und 1 Eigelb unterrühren. Die Masse in einen Spritzbeutel mit Sterntülle geben und Türmchen auf ein gefettetes Backblech spritzen. Das zweite Eigelb mit etwas Wasser verrühren und die Türmchen damit bestreichen. Fleisch mit Pfeffer, Salz und Paprika würzen und in heißem Öl von beiden Seiten je 4 – 6 Minuten braten. Inzwischen die Herzoginkartoffeln in den vorgeheizten Ofen schieben und bei 225 Grad/Gasherd Stufe 4 in 8 – 10 Minuten goldbraun backen. Fleisch warm stellen. Bratensatz mit dem Wasser lösen. Sahne und den mit der Gabel etwas zerdrückten oder grob gehackten grünen Pfeffer dazugeben. Soße mit in wenig Wasser angerührter Speisestärke binden und abschmecken. Petersilie dazugeben. Soße über die Koteletts gießen und zusammen mit den Herzoginkartoffeln servieren.

Rheinischer Döppekooche

Rezept für 4 Personen

1,5 kg Kartoffeln, Kochtyp: vorwiegend festkochend; 1 altbackenes Brötchen, 1 Tasse (150 ml) heiße Milch, 250 g geräucherter, durchwachsener Speck, 2 EL Öl, 2 Zwiebeln, 2 Eier, Salz, Pfeffer, Muskat

Kartoffeln schälen und roh fein reiben. Brötchen in heißer Milch einweichen, ausdrücken, Milch beiseite stellen. Speck in kleine Würfel schneiden und im Öl in einem großen Topf ausbraten (der Topf sollte möglichst aus Gußeisen sein), dann vom Herd nehmen. Die zurückgestellte Milch dazugeben und mit den Speckwürfeln verrühren. Dann Kartoffeln, feingeriebene Zwiebeln, das Brötchen und die Eier hinzufügen und mit Salz, frisch gemahlenem Pfeffer und Muskat würzen. Anschließend alles gut verrühren. Topf ohne Deckel in den vorgeheizten Ofen stellen und bei 160 Grad/Gasherd Stufe 1 etwa 1 Stunde und 50 Minuten backen lassen. Dazu passen Apfelmus und grüner Salat.

Krustelkuchen

Rezept für 4 Personen

1 Packung Kartoffelpufferpulver, Wasser zum Anrühren, 2 Eier, 2 EL Mehl, Salz, frisch gemahlener Pfeffer, 1 Zwiebel, 4 geräucherte Mettwürstchen oder Krakauer, Butter zum Einfetten und Beträufeln, 1 – 2 EL Semmelbrösel, 1/8 l saure Sahne

Kartoffelpufferpulver nach Vorschrift mit Wasser anrühren, Eier und Mehl einrühren, mit Salz und Pfeffer nachwürzen, quellen lassen. Zwiebel fein hacken, unter den Teig mischen. Mettwürstchen in dünne Scheiben schneiden. Eine Kuchen- oder Auflaufform buttern, abwechselnd Wurstscheiben und Pufferteig einschichten. Die Teigoberfläche mit Butter beträufeln. Im vorgeheizten Backofen bei 200 Grad/Gasherd Stufe 3 ca. 50 – 60 Minuten backen. Nach 30 Minuten die Oberfläche mit Semmelbröseln bestreuen, mit saurer Sahne begießen und fertig backen, bis die Oberfläche eine knusprige Kruste bekommen hat. Den Krustelkuchen mit Apfel- oder Birnenkompott servieren.

Gefüllte Kartoffelrolle

Rezept für 2 – 4 Personen

1 Packung Krokettenpulver, 2 große Zwiebeln, 2 EL Schmalz, 400 g gemischtes Hackfleisch, 1 Ei, 1 EL frische Semmelbrösel, Salz, Pfeffer aus der Mühle, 1 TL edelsüßer Paprika, 2 kleine Gewürzgurken, Mehl zum Ausrollen, 1 - 2 EL Butter, 2 - 3 EL Öl

Krokettenpulver nach Packungsvorschrift in Wasser einrühren und quellen lassen. Zwiebeln würfeln und im Schmalz kurz andünsten. Hackfleisch dazugeben und unter ständigem Rühren so lange weiterdünsten, bis die Masse leicht grau ist. Abkühlen lassen und mit Ei, Semmelbröseln, Gewürzen und den gehackten Gurken zu einem Fleischteig verkneten. Kartoffelteig noch einmal durchkneten und auf einem bemehlten Stück Alufolie etwa 1 cm dick zu einem Rechteck ausrollen. Den Fleischteig daraufstreichen (Ränder etwas freilassen) und durch Anheben der Folie von der Längsseite her aufrollen. Die Rolle schräg in 2 cm dicke Scheiben schneiden. Butter und Öl in der Pfanne erhitzen und die Scheiben darin von allen Seiten knusprig braun braten. Die Kartoffelrolle dann heiß servieren. Dazu paßt hervorragend grüner oder gemischter Salat.

Riesen-Puffer mit Sahnepilzen

Rezept für 4 Personen

1 Packung Kartoffelpufferpulver (für 15 Stück), 1/2 l Wasser, 1 Ei, Öl zum Braten, 1 Dose Champignons (400 g), 1/8 l Sahne, 1 TL Speisestärke, 1 EL mittelscharfer Senf, Salz, 1 Prise Zucker, 1 Paket Kresse

Packungsinhalt in das kalte Wasser einrühren. Ei beifügen und 10 Minuten quellen lassen. Aus dem Teig in heißem Öl 4 große Kartoffelpuffer braten. Champignons mit der Flüssigkeit aus der Dose erhitzen, bis diese etwa zur Hälfte verkocht ist. Sahne, Speisestärke und Senf verrühren und die Champignonsflüssigkeit damit binden. Mit Salz und Zucker abschmecken. Sahnepilze auf den Puffern verteilen und die Kresse in Büscheln dazwischen setzen. Dazu paßt ein Kopfsalat mit Möhrenraspeln.

Hessisches Bauernfrühstück

Rezept für 3 – 4 Personen

1 kg Kartoffeln, Kochtyp: festkochend; 2 EL Zwiebeln, 50 g Butter, Salz, Pfeffer, 1/4 l Sahne, 1 TL Zitronensaft, 1 Bund Kerbel oder Petersilie, 200 g Schinkenscheiben

Kartoffeln gründlich waschen und bürsten, in der Schale kochen, pellen und abkühlen lassen. Dann in Scheiben schneiden. Zwiebeln würfeln, Butter in der Pfanne zerlassen. Die Zwiebeln darin glasig werden lassen, die Kartoffeln dazugeben, mit Salz und Pfeffer würzen und goldbraun braten. Die Sahne über die Kartoffeln verteilen und mit Zitronensaft beträufeln. Die gehackten Kräuter unterheben. Die Schinkenscheiben aufrollen, auf das Bauernfrühstück legen und sofort in der Pfanne servieren.

Bauernpfanne

Rezept für 4 Personen

1 kg Kartoffeln, Kochtyp: festkochend; 150 g Porree, 125 g durchwachsener Speck, 4 EL Butter, Salz, weißer Pfeffer, 4 Eier, 6 EL Schlagsahne, 2 EL gemischte und gehackte Kräuter

Kartoffeln in der Schale kochen, etwas abkühlen lassen, dann pellen und grob würfeln. Porree putzen, sorgfältig waschen und abgetropft in feine Streifen schneiden. Durchwachsenen Speck klein würfeln. In einer großen Pfanne glasig braten. Butter zugeben und erhitzen. Kartoffelwürfel darin goldbraun rösten. Mit Salz und frisch gemahlenem Pfeffer würzen. Porreestreifen kurz mitbraten. Eier mit der Schlagsahne und 1 EL der Kräuter verquirlen. Mit Salz und Pfeffer abschmecken. Auf die Kartoffelwürfel gießen, stocken lassen, wenden und goldbraun braten. Mit Kräutern bestreuen und servieren. Dazu gibt es Kopfsalat in Kräutermarinade.

Pizza Alemagna

Rezept für 4 Personen

1 Packung Kartoffelpufferpulver (für 15 Stück), 1 Ei, 1/2 l Wasser, 60 g roher Schinken, Salami oder Fleischwurst in dünnen Scheiben, 3 Tomaten, Butter zum Dünsten, Fett zum Braten, einige Champignons aus dem Glas, Anchovis und 60 g geriebener Emmentaler

Kartoffelpuffer nach Vorschrift mit Ei und Wasser anrühren und quellen lassen. Schinken oder Wurstscheiben halbieren oder in Streifen schneiden. Dann die Tomaten achteln und kurz in Butter andünsten. Fett in einer großen Pfanne erhitzen, die Hälfte der Schinken-, Salami- oder Fleischwurstscheiben hineinlegen, die Hälfte der Kartoffelmasse darauf verstreichen und jede Seite in etwa 5 Minuten goldbraun braten. Den Puffer mit der Speckseite nach oben in eine Pizzaform gleiten lassen, mit jeweils der Hälfte Tomaten, blättrig geschnittenen Champignons, Anchovis und Käse belegen. Einige Minuten unter den vorgeheizten Grill schieben, bis der Käse zerlaufen ist. Die zweite Hälfte der Kartoffelmasse dann ebenfalls wie oben beschrieben zubereiten.

Bratkartoffeln mit Eiern

Rezept für 4 Personen

1 kg Kartoffeln, Kochtyp: festkochend; 60 g Butter, 2 große Zwiebeln, Salz, frisch gemahlener weißer Pfeffer, 6 Eier, 1/8 l Schlagsahne, je 1 EL gehackte Petersilie und Schnittlauchröllchen

Kartoffeln in der Schale kochen und etwas abkühlen lassen, dann pellen und in Scheiben schneiden. Butter in einer großen Pfanne erhitzen. Kartoffelscheiben darin goldbraun braten. Zwischendurch die geschälten, gewürfelten Zwiebeln zugeben. Salzen und Pfeffer daraufmahlen. Eier mit Schlagsahne verquirlen. Mit Salz und Pfeffer abschmecken. Kräuter unterheben. Auf die Bratkartoffeln gießen und stocken lassen. Dazu paßt grüner oder gemischter Salat.

Salat Olivier

Rezept für 3 Personen

500 g Kartoffeln, Kochtyp: festkochend; 1 große Zwiebel, 1 Karotte, 1 Stück Sellerie, 2 ganze Hühnerbrüstchen, Salz, 1 Dillgurke, 2 Tomaten, 1 EL Dill, 1 kleiner Kopfsalat, 2 EL Sahne, 2 EL Mayonnaise, 2 EL Joghurt, etwas Senf, Pfeffer, 2 hartgekochte Eier, 2 EL Kapern, 8 Oliven, 1 Zweig Dill zum Garnieren

Kartoffeln möglichst schon am Vortag in der Schale kochen. Zwiebel schälen und vierteln, Karotte in Viertel, Sellerie in große Würfel schneiden, zusammen mit den Hühnerbrüstchen in soviel kochendes Salzwasser geben, daß alles gerade bedeckt ist. In ca. 20 Minuten garen, abkühlen lassen. Dillgurke würfeln, Tomaten überbrühen, abziehen, entkernen und achteln. Dill kleinhacken. Salat waschen – in der Salatschleuder trocknen. Kartoffeln pellen und in Scheiben schneiden, Hühnerbrüstchen von Haut und Knochen befreien und in Würfel schneiden, beides mit den Gurken und Tomaten vermischen. Für die Soße Sahne, Mayonnaise, Joghurt, Senf, Dill, Salz und Pfeffer verrühren, unter den Salat mengen. Mindestens eine Stunde im Kühlschrank durchziehen lassen. Eier pellen, in Scheiben schneiden, vorsichtig unterheben. Den Kartoffelsalat abschmecken und eventuell nachwürzen. Salatblätter auf einer großen Servierplatte fächerartig anordnen. Kartoffelsalat daraufgeben, zu einer Pyramide formen und mit ganzen Kapern, Oliven und Dill garnieren.

Bunter Kartoffelsalat

Rezept für 4 Personen

500 g kleine Kartoffeln, Kochtyp: festkochend; 3 Zwiebeln, 2 Äpfel, Zitronensaft, 4 Wiener Würstchen, 1 Dose Mais. Marinade: 100 g Salatmayonnaise, 4 EL Weinessig, Salz, Pfeffer, 1 Prise Zucker, 1 TL milden Senf, Schnittlauchröllchen

Die Kartoffeln garen, abkühlen lassen, pellen und in Scheiben schneiden. Die Zwiebeln schälen, vierteln und längs in Streifen schneiden. Die Äpfel waschen, ungeschält achteln, das Kerngehäuse entfernen, in dünne Spalten schneiden und mit Zitronensaft beträufeln. Die Würstchen in Scheiben schneiden. Den Mais abtropfen lassen. Alle Zutaten mit den Kartoffeln vermischen. Aus Mayonnaise, Essig, Salz, Pfeffer, Zucker und Senf die Marinade zubereiten, unter den Salat heben und alles gut durchziehen lassen. Zum Abschluß mit Schnittlauchröllchen bestreuen.

Labskaus einmal anders

Rezept für 4 Personen

1 Packung Kartoffelpüree (4 Portionen), Wasser, Milch, Butter, Salz, 3 Äpfel, 2 kleine Rote Bete aus dem Glas, 1 Glas Selleriescheiben, 1 große Gewürzgurke, 400 g Fleischwurst oder Bratenreste, 4 Matjesfilets, 3 hartgekochte Eier

Kartoffelpüree mit Milch, Wasser, Salz und Butter nach Vorschrift zubereiten. Äpfel ungeschält vierteln, entkernen, in feine Würfel schneiden. Rote Bete, Sellerie, Gewürzgurke und Fleischwurst ebenfalls fein würfeln. 3 Matjesfilets in feine Streifen schneiden. Alles unter das warme Püree mischen. Kurz durchziehen lassen. Mit Eivierteln und schmalen Matjesstreifen (vom restlichen Filet) garnieren. Dazu reicht man gebutterten Roggentoast.

Kartoffelsalat mit Thunfisch

Rezept für 2 Personen

500 g Kartoffeln, Kochtyp: festkochend; 4 EL Weinessig, Salz, frisch gemahlener Pfeffer, 6 EL Öl, 2 Knoblauchzehen, 1 rote Paprikaschote, 1 Bund Frühlingszwiebeln, 1 Tasse (100 g) Tiefkühlerbsen, 3 hartgekochte Eier, 1 Dose Thunfisch (Einwaage 185 g), Kresse

Kartoffeln gründlich waschen, bürsten und in der Schale kochen, noch warm pellen und in Scheiben schneiden. Für die Soße Essig, Salz, Pfeffer, Öl und die durchgepreßten Knoblauchzehen verrühren. Die Soße über die Kartoffeln gießen und gut durchziehen lassen. Paprikaschote und Frühlingszwiebeln putzen und in kleine Würfel schneiden, Tiefkühlerbsen kurz in kochendem Wasser auftauen. Alle Zutaten unter die Kartoffelscheiben mischen. Eier achteln und vorsichtig unterziehen. Zum Schluß den Thunfisch abtropfen lassen, mit einer Gabel zerpflücken und unter den Salat mischen. Noch einmal gut abschmecken. In eine Schüssel füllen und nach Belieben mit Kresse garnieren.

Kartoffeln – einmal anders

Die vorangegangenen Rezepte haben gezeigt, mit welcher außerordentlichen Variationsbreite Kartoffeln in der traditionellen wie auch in der modernen Küche zubereitet werden können. Kartoffeln sind nun einmal universell...

Die folgenden Rezepte sollen darüber hinaus zeigen, daß sich Kartoffeln auch für raffinierteste Variationen eignen. In der Feinschmeckerküche kommen sie neben Kaviar und Krustentieren zu kulinarischen Ehren. Und hätten Sie gewußt, daß sich Kartoffeln auch ausgezeichnet zu leckeren Desserts, Süßspeisen und Kuchen verarbeiten lassen? Aus der so unscheinbaren Kartoffel können Sie mit ein paar Tricks die ausgefallensten Gerichte für besondere Anlässe zaubern. Schauen Sie sich diese Rezepte einmal an – Sie werden staunen!

Kartoffeln mit Lachs und Kaviar

Rezept für 2 Personen

4 Kartoffeln (etwa 400 g), Kochtyp: festkochend; Salz, 1 TL Kümmel, 1 Becher (150 g) Crème fraîche, 1 – 2 EL Zitronensaft, 2 EL Keta-Kaviar, 4 Scheiben (200 g) Räucherlachs, Dill zum Garnieren

Kartoffeln gründlich waschen und bürsten. In Salzwasser mit Kümmel in etwa 20 Minuten gar kochen, abgießen und abdampfen lassen. Inzwischen Crème fraîche mit Zitronensaft und evtl. einer Prise Salz abschmecken. Die Kartoffeln auf eine Platte geben, Crème fraîche darauf verteilen. Die Lachsscheiben dazulegen, mit Kaviar und Dill garnieren.

Schokoladenwurst

Rezept für 10 – 15 Stücke

125 g Kartoffeln, Kochtyp: mehligkochend; 50 g Butter, 120 g Schokoladenkuvertüre Halbbitter (2 Riegel), 60 g Schokoladenkuvertüre Vollmilch (1 Riegel), 20 g Puderzucker, 2 Vanilleschoten, 1 Prise Salz, 5 Haselnüsse, Kakaopulver zum Bestäuben

Kartoffeln schälen, kochen, heiß zerdrücken und abkühlen lassen. Butter und Schokolade in eine Schüssel geben, in ein heißes Wasserbad stellen, schmelzen, dann abkühlen lassen, den Kartoffelbrei unterziehen. Puderzucker, Vanillemark, Salz und die kleingehackten Nüsse dazugeben. Alles umrühren und kalt werden lassen. Aus der erkalteten Masse eine Wurst formen und von allen Seiten mit Kakaopulver bestäuben, in 2 – 3 Stunden im Kühlschrank fest werden lassen. Die Wurst in Folie einwickeln und im Kühlschrank aufbewahren. Die Schokoladenwurst in Taler aufschneiden und anbieten.

Tip:
Der Schokoladenwurst für Erwachsene können Sie vor dem Erkalten einen TL Rum zufügen. Wurst kühl aufbewahren, kann in Alu- oder Plastikfolie eingepackt tiefgekühlt werden und ist dann mehrere Wochen haltbar. Auch als Geschenk eignet sich die Schokoladenwurst: Wurst in Folie wickeln. Beide Enden zubinden mit bunten Bändern. Ein köstliches, preiswertes und „individuelles" Geschenk.

Kartoffelpüree mit Krebsbutter

Rezept für 4 Personen

1 kg Kartoffeln, Kochtyp: mehligkochend; Salz, 1 Dose Krebsbutter (Einwaage 70 g), 150 g Schlagsahne, Cayennepfeffer, 1 Gläschen Keta-Kaviar (Einwaage 70 g)

Kartoffeln schälen, dann in Salzwasser in etwa 20 Minuten gar kochen und abgießen und heiß durch die Kartoffelpresse drücken oder zerstampfen. Die Krebsbutter schmelzen und drei Eßlöffel davon zusammen mit der erhitzten Schlagsahne zum Püree geben. Mit dem Schneebesen kräftig schlagen. Anschließend mit Salz und Cayennepfeffer abschmecken. Das Püree dann auf einer vorgewärmten Platte anrichten, mit etwas Kaviar bestreuen und mit der restlichen Krebsbutter beträufeln. Dazu empfehlen wir Ihnen Riesengarnelen.

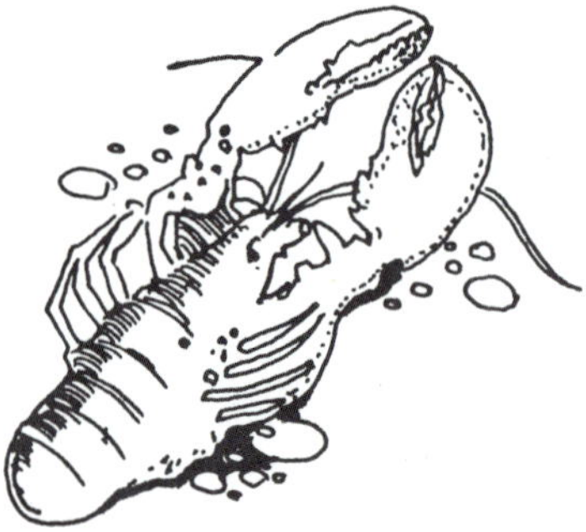

Potato-Cakes

Rezept für 10 Stück

750 g Kartoffeln, Kochtyp: mehligkochend; Salz, 100 g Butter, 150 g Mehl, 4 – 5 EL Milch, Mehl zum Bestäuben, Fett für das Backblech, Kümmel, Thymian

Die Kartoffeln schälen, grob würfeln und in etwa 20 Minuten gar kochen. Dann abgießen und durch eine Kartoffelpresse drücken oder zerstampfen. Den Brei salzen und etwas auskühlen lassen. 50 g Butter und das Mehl zugeben und so viel Milch zugießen, daß ein weicher, aber gut formbarer Teig entsteht. Aus dem Teig eine Rolle formen und in 10 Stücke teilen. Jedes Stück leicht mit Mehl bestäuben und zu einer Kugel formen. Auf ein gut gefettetes Backblech setzen und zu einem runden Fladen von etwa 10 cm Durchmesser auseinanderdrücken. Mit Kümmel und (oder) Thymian bestreuen. Die restliche Butter in Flöckchen darauf verteilen und im vorgeheizten Backofen bei 200 Grad/Gasherd Stufe 3 in 20 – 30 Minuten goldbraun und knusprig backen. Vor dem Servieren mit grobkörnigem Salz bestreuen. Wer mag, reißt den Kuchen in der Mitte mit zwei Gabeln etwas auf und läßt Butter darin schmelzen. Die Potato-Cakes sind nicht nur zusammen mit einem Salat ein leichtes, wohlschmeckendes Abendessen, sondern sie passen auch sehr gut zu Wein und Bier.

Kartoffelnockerln mit Kräutern

Rezept für 4 Personen

500 g Kartoffeln, Kochtyp: mehligkochend; 1/ 2 EL Butter, 100 g feiner TK-Spinat, 2 Eigelb, 175 g Allgäuer Emmentaler Käse, fein gerieben, 4 EL Petersilie, 4 EL Schnittlauch, 1 EL frisches Basilikum, 1 EL frischer Majoran, 75 g Mehl, Salz, frisch geriebene Muskatnuß, einige Tropfen Zitronensaft, Butter zum Einfetten und für Butterflöckchen

Kartoffeln schälen, in Salzwasser garen und abgießen. Gut abdampfen lassen. Durch eine Kartoffelpresse geben oder zerstampfen und mit 1/2 EL Butter glattrühren. Spinat so lange erhitzen, bis alle Flüssigkeit verdampft ist. Kartoffeln und Spinat etwas abkühlen lassen. Dann mit Eigelb, 100 g geriebenem Käse und allen feingehackten Kräutern gut vermischen. Mehl hinzufügen und mit Salz, Muskat und einigen Tropfen Zitronensaft abschmecken. Gründlich durchkneten. Einen möglichst weiten Topf mit Salzwasser zum Kochen bringen. Die Nockerln am besten mit 2 Teelöffeln vom Teig abstechen, hineingeben und in dem leicht siedenden Wasser garen. Die Nockerln sind gar, wenn sie oben schwimmen. Mit einem Schaumlöffel herausnehmen, abtropfen lassen und in eine große, gebutterte Auflaufform geben, mit dem restlichen Käse bestreuen und mit Butterflöckchen besetzen. Kurz in den vorgeheizten Ofen oder unter den Grill stellen, bis der Käse verlaufen ist.

Kartoffelstangen

Rezept für 60 Stück

125 g Kartoffeln, Kochtyp: mehligkochend; 125 g Butter, 125 g Mehl, Salz, 1 Eigelb zum Bestreichen, Kümmel, grobes Salz und Mohn zum Bestreuen

Kartoffeln schälen, kochen, abkühlen lassen und reiben. Mit Butter, Mehl, Salz zu einem Teig verkneten und abschmecken. Den Teig in vier Portionen teilen, zu Rollen formen und jede Rolle in 15 Stücke schneiden. Aus jeder Portion eine kleine, fingerlange Stange rollen, mit einem Messerrücken mehrmals einkerben. Auf ein mit Backpapier belegtes Backblech legen und mit Eigelb, mit etwas Wasser verquirlt, bestreichen. Die Stangen abwechselnd mit Kümmel, grobem Salz und Mohn bestreuen. Bei 200 Grad/Gasherd Stufe 3 im Backofen in etwa 10 Minuten goldgelb backen.

Kartoffel – Hörnchen

Rezept für 12 Stück

250 g Kartoffeln, Kochtyp: mehligkochend; 300 g Mehl, 2 TL Backpulver, 70 g Zucker, 50 g Butter, 1 Ei, 1 EL Wasser, 3 Tropfen Backaroma „Bittermandel", Salz, 125 g Zwetschgenmus oder andere Konfitüre zum Füllen, Eigelb zum Bestreichen

Kartoffeln möglichst am Vortag kochen und pellen. Mehl und Backpulver mischen, mit den geriebenen Kartoffeln, Zucker, Butterflöckchen, Ei, Wasser, Backaroma und Salz zu einem glatten Teig verkneten. Evtl. kurze Zeit kaltstellen. Sollte der Teig kleben, noch etwas Mehl unterkneten.

Den Teig 30 x 45 cm groß ausrollen, in 6 Quadrate (15 x 15 cm) schneiden und diese diagonal in Dreiecke teilen. Je 1 TL Zwetschgenmus auf die breite Seite geben und zur Spitze hin zu Hörnchen aufrollen. Die Spitze mit etwas Eigelb festkleben. Hörnchen auf ein gefettetes Backblech legen und mit Eigelb bestreichen. Im vorgeheizten Backofen etwa 20 Minuten bei ca. 200 Grad/Gasherd Stufe 3 backen.

Tip:
Man kann diese Hörnchen auch salzig mit Hackfleisch füllen, kann sie tieffrieren und wieder aufbacken. Am besten schmecken Kartoffelhörnchen warm.

Erdäpfelstrudel

Rezept für 4 Personen

300 g Kartoffeln, Kochtyp: vorwiegend festkochend. Teig: 250 g Mehl, 4 – 5 EL Wasser, 2 EL Öl, 1 Ei, 1 TL Essig, 1 Prise Salz. Füllung: 80 g Butter, 50 g Zucker, 2 Eier – getrennt, 1 Prise Salz, Abgeriebenes einer halben Zitrone, 1/8 l saure Sahne, 50 g geriebene Mandeln, 20 g Rum-Rosinen, 40 g flüssige Butter, 1/4 l Milch, 1 Päckchen Vanillinzucker

Die Kartoffeln mit Schale kochen und abkühlen lassen. Teigzutaten in eine Schüssel geben und kneten, bis der Teig glatt ist. Auf einem warmen Teller mit Folie abdecken und 1/2 Stunde ruhen lassen. Auf einem mit Mehl bestäubten Geschirrtuch den Teig ausrollen und ausziehen, bis er durchsichtig ist. Dann Kartoffeln pellen und reiben. Butter, Zucker und Eigelb schaumig rühren. Salz und Abgeriebenes einer halben Zitrone dazugeben. Kartoffeln, saure Sahne, Mandeln und Rosinen hinzufügen. Eiweiß steif schlagen, unterziehen. Teig mit Butter bestreichen. Kartoffelmasse darauf so verstreichen, daß an den Seiten ein schmaler und oben ein breiter Rand frei bleibt. Den Strudel locker aufrollen. Eine rechteckige Auflaufform einfetten und den Strudel hineingeben. Mit Butter einpinseln. Bei 180 Grad/Gasherd Stufe 2 ca. 20 Minuten backen. Milch mit Vanillinzucker aufkochen und über den Strudel gießen; so lange backen, bis die Flüssigkeit aufgesogen ist (ca. 30 Minuten).

Hessische Kartoffeltorte

Rezept für 12 Stücke

500 g Kartoffeln, Kochtyp: mehligkochend; 6 Eier, 250 g Zucker, 4 EL Zitronensaft, abgeriebene Schale einer halben Zitrone, 50 g gehackte Mandeln, 50 g gemahlene Mandeln, 30 g Grieß, Fett für die Form, 1 – 2 EL Semmelbrösel für die Form, Puderzucker zum Bestreuen

Kartoffeln schälen, ohne Salz halbgar kochen, abkühlen lassen, reiben. Eiweiß steif schlagen, nach und nach 125 g Zucker unterschlagen. Eigelb mit dem Rest des Zuckers schaumig schlagen. Übrige Zutaten zugeben. Kartoffeln und Eischnee zuletzt unterziehen. Eine Springform (Durchmesser 26 cm) fetten und mit Semmelbröseln ausstreuen. Teig einfüllen und im vorgeheizten Backofen bei 170 Grad/Gasherd Stufe 2 etwa 50 – 60 Minuten backen. Abkühlen lassen. Den aus der Form gelösten Kartoffelkuchen mit einer Schablone bedecken und mit Puderzucker ein Muster aufstreuen – Schablone wieder entfernen.

Kartoffeltaschen und Halbmonde

Rezept für ca. 40 Stück

250 g Kartoffeln, Kochtyp: mehligkochend; 500 g Mehl, 1 Päckchen Backpulver, 125 g Zucker, 125 g Butter, 2 Eier, 1 Päckchen Vanillezucker, Salz, Konfitüre nach Belieben zum Füllen, 1 Eigelb zum Bestreichen, Hagelzucker zum Bestreuen

Kartoffeln schälen, kochen und abkühlen lassen. Aus dem mit Backpulver gemischten Mehl, Zucker, Butter, Eiern, Vanillezucker, geriebenen Kartoffeln und einer Prise Salz einen Knetteig herstellen, Teig in 2 Portionen teilen. Die eine Teighälfte 40 x 30 cm groß ausrollen und 8 x 10 cm große Rechtecke ausradeln. Auf jedes Rechteck 1 Teelöffel Konfitüre geben, die Ränder mit Eigelb bestreichen, übereinanderklappen und mehrmals einradeln. Die andere Teighälfte ebenfalls in gleicher Größe ausrollen, runde Plätzchen (Durchmesser 8 cm) ausstechen und möglichst mit einer anderen Konfitüre füllen, die Ränder mit Eigelb bestreichen, zu Halbmonden zusammenklappen. Beide Gebäcksorten mit Eigelb bestreichen, mit Hagelzucker bestreuen und bei etwa 200 Grad/Gasherd Stufe 3 in 10 – 15 Minuten goldbraun backen.

Was man über die Kartoffel wissen sollte

Das Innenleben der Kartoffel

Es gibt kaum ein Nahrungsmittel, das so vielfältig verwendbar und so vielseitig ist wie die Kartoffel. Bei der Beurteilung ihres Wertes im Rahmen einer abwechslungsreichen, modernen Ernährung sollten wir uns nicht davon irritieren lassen, daß Kartoffeln zu 3/4 aus Wasser bestehen – auch der Mensch besteht als Säugling zu 75 % aus Wasser und trocknet erst im Laufe seines Lebens auf die Hälfte seines Körpergewichtes aus. Aber die Trockensubstanz der Kartoffel hat es in sich! Ihr größter Anteil besteht aus Stärke, des weiteren ist Eiweiß ein wesentlicher Bestandteil ihrer Inhaltsstoffe, und außerdem sind Zucker, Rohfaser, Vitamine, Mineralien und Spurenelemente in der Kartoffelknolle enthalten. Schon bei einem täglichen Kartoffelverzehr von ca. 150 g nimmt der Mensch damit 1/4 seines Vitamin-C-Bedarfs, 10 % seines Eisenbedarfs, 10 % seines Vitamin-B-Bedarfs und wesentliche Anteile an Eiweiß, Kohlenhydraten, Phosphor, Vitamin A, Vitamin B_2 usw. zu sich.

Zur Stärke der Kartoffel ist allerdings zu vermerken, daß diese – im Gegensatz zur Getreidestärke – für den Menschen im rohen Zustand nahezu unverdaulich ist. Um sie besser resorbierbar zu machen, muß die Kartoffel gekocht werden; in diesem Zustand ist sie vom menschlichen Verdauungstrakt leichter zu verwerten. Noch besser verdaulich sind Kartoffeln in Form von Püree. Dieses wird daher gerne als wertvoller Bestandteil in der Kranken- und Diätkost verwendet.

Das Kartoffeleiweiß ist weniger hinsichtlich seiner Quantität als vielmehr aus qualitativer Sicht von Bedeutung. Das Kartoffeleiweiß hat eine hohe biologische Wertigkeit und weist gleichzeitig einen hohen Ergänzungswert zu tierischen Eiweißen auf. Ohne diese besondere

Qualität der Kartoffelproteine hätte die Kartoffel wohl nie eine so große Wichtigkeit als Grundnahrungsmittel erlangen können.
Auch die Bedeutung der in der Kartoffel enthaltenen Mineralstoffe sollte für die Ernährung des Menschen nicht unterschätzt werden. Die Knolle ist ein wesentlicher Kaliumträger und darüber hinaus ist ihr positives Kalium-Natrium-Verhältnis in der Ernährung von großem diätetischem Interesse. Hinzu kommt, daß sich die in der Kartoffel enthaltenen Mineralstoffe sehr gut zu denen in der Milch ergänzen, denn Kartoffeln weisen gerade von denjenigen Spurenelementen, die in der Milch nur geringfügig vorhanden sind – wie Eisen, Kupfer, Magnesium, Mangan und Jod – größere Anteile auf. Andererseits gleicht Milch durch ihren Kalziumreichtum den niedrigen Kalziumgehalt der Kartoffel aus. Diese gegenseitige Ergänzung gilt auch für die Vitaminkomponenten von Kartoffeln und Milch.
Wichtig im Rahmen unserer Ernährung ist auch der Ballaststoffgehalt der Kartoffel, der mit einem Anteil von 2,5% nicht zu unterschätzen ist und damit höher liegt als z.B. bei Kohlrabi (1,4%) oder der Tomate (1,8%). Kartoffeln dürfen also in keiner Ernährung fehlen.

Die Zusammensetzung der Kartoffel

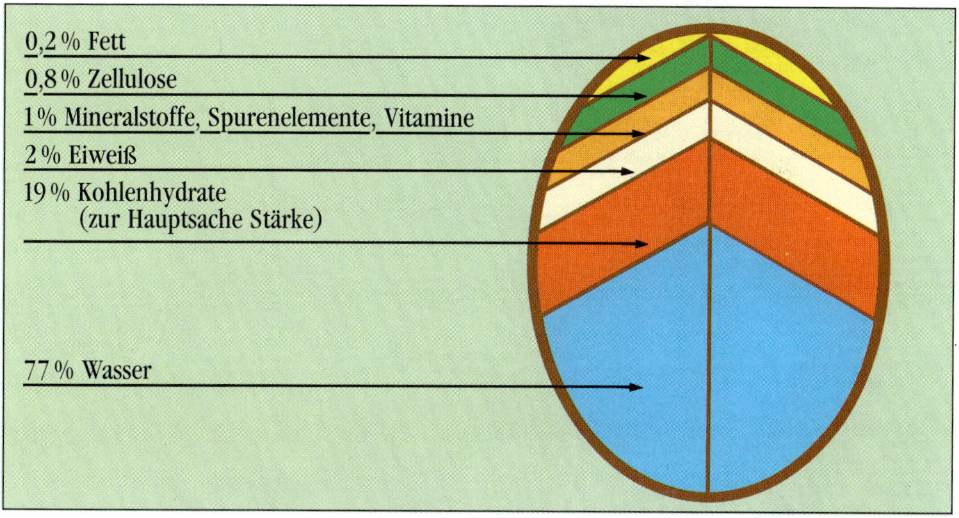

Die Expertenmeinung

Prof. Dr. H.J. Holtmeier, Universität Hohenheim: „Seit dem Beginn des Wirtschaftsaufschwungs nach dem Zweiten Weltkrieg hat der Kartoffelverbrauch nachgelassen. Diese Vernachlässigung hat die Kartoffel nicht verdient, bedenkt man neben dem ernährungsphysiologischen Wert auch die Preiswürdigkeit und die vielseitigen Verarbeitungsmöglichkeiten.
Von besonderem Interesse ist das Kartoffeleiweiß und zwar in qualitativer Hinsicht. Die biologische Eiweißwertigkeit der Kartoffel ist gleichbedeutend mit der des Eiproteins, nämlich etwa 100. Der Ergänzungswert von Kartoffelprotein zu Ei- und Milchprotein liegt über 100 und wird im einzelnen von keinem anderen Proteinträger erreicht. Diese Tatsache ist auch in der Versorgung von Kranken und Vegetariern von Bedeutung. Daß die Kartoffel in den Ruf des „Dickmachers" geraten ist, liegt eher an fetten Zubereitungen und kalorienreichen Beilagen. Durch den hohen Sättigungswert der Kartoffel bei haushaltsüblicher Zubereitung ist diese Gefahr nicht gegeben."

Kartoffeln sind kalorienarm

Daß die Menschen den Energiewert von Kartoffeln lange überschätzt haben – davon war schon die Rede. In der Tat ist früher ihr Energiewert zu hoch angegeben worden. In älteren Veröffentlichungen wurden für Kartoffeln pro 100 g Frischgewicht 81 kcal berechnet. Dies ist schon wenig, aber neuere Untersuchungen haben ergeben, daß der Kaloriengehalt sogar noch darunter liegt. Die Deutsche Forschungsanstalt für Lebensmittelchemie in Garching bei München hat in der Neuauflage des international anerkannten Tabellenwerks von „Souci-Fachmann-Kraut" (Die Zusammensetzung der Lebensmittel, Nährwerttabellen 1986/87) den durchschnittlichen Kalorienwert nur noch mit 68 kcal pro 100 g Speisekartoffeln angegeben. Die älteren und etwas höheren Angaben beruhten darauf, daß bei den früheren Berechnungen noch größere Anteile von mehligen Kartoffeln und teilweise auch von Futterkartoffeln in die Durchschnittsberechnungen mit eingingen. Festkochende und vorwiegend festkochende Speisekartoffeln, die heute überwiegend verzehrt werden, haben aber einen niedrigeren Stärkegehalt und somit auch einen niedrigeren Brennwert. Das Bundessortenamt hat im übrigen in mehrjährigen Anbauversuchen ermittelt, daß die Stärkewerte deutscher Speisekartoffeln zwischen 11,2 und 16,6 % Anteil liegen. Lediglich in Jahren mit sonnenreichen Sommermonaten können mehligkochende

Die Expertenmeinung

Prof. Dr. Dieter Hötzel, Universität Bonn, hat im übrigen bereits vor Jahren darauf hingewiesen, daß in der Fachliteratur der Energiegehalt des heutigen Kartoffelangebotes zu hoch angegeben wird. Zum Einsatz von Kartoffeln in der Diätetik sagt Prof. Hötzel: „Kartoffeln können als Bestandteil einer Reduktionskost herangezogen werden. Sie sind weiterhin besonders geeignet für die Diätetik bei Nierenfunktionsstörungen, als Bestandteil der Diät bei Hyperurikämie (erhöhter Harnsäure-Blutspiegel, Gicht) und Harnsäuresteinen und nicht zuletzt bei der Zöliakie (Darmerkrankung bei Kindern). Sie eignen sich als natriumreduzierte Kost bei der essentiellen Hypertonie (Bluthochdruck) und können mit Erfolg bei der Diätetik des Diabetes Typ II (Erwachsenendiabetes) eingesetzt werden."

Speisekartoffelsorten auch bis zu 17 % Stärke enthalten – bei den früheren Berechnungen ging man hingegen von einem Stärkeanteil von bis zu 20 % aus.
Die festkochenden und vorwiegend festkochenden Sorten sowie die als Speiseware angebotenen Frühkartoffeln liegen mit 11 bis 13 % Stärke sogar noch unter dem oben angegebenen Durchschnitt. Alle Speisesorten mit Stärkewerten unter 12,3 % erreichen damit schon den Nahrungsenergiewert für Äpfel, der in dem bereits erwähnten Tabellenwerk von „Souci-Fachmann-Kraut" mit durchschnittlich 52 kcal angegeben wird.
Die in der nachfolgenden Tabelle angegebenen Nährwerte für einzelne Kartoffelverarbeitungserzeugnisse liegen teilweise entsprechend höher, doch sollte man bedenken, daß es sich einerseits um Trockenprodukte handelt, die bei der küchenmäßigen Zubereitung wieder entsprechend mit Wasser angereichert werden, oder aber beispielsweise um Erzeugnisse, die bereits in Öl vorgeröstet sind und wegen des Öls daher höhere Kalorienwerte erreichen.

Nährwerttabelle Kartoffeln

Der eßbare Anteil von 100 g enthält:	Eiweiß g	Fett g	Kohlenhydrate g	Nährwert kJ	Nährwert kcal
Speisekartoffeln	2,04	0,11	15,4	285	68
Kartoffeln, gebacken mit Schale	2,54	0,11	18,9	350	84
Kartoffeln, gekocht mit Schale	2,04	–	15,4	281	67
Kartoffelpüree (Trockenprodukt)	8,6	0,56	71,0	1.308	313
Kartoffelknödel, gekocht (Trockenprodukt)	7,14	1,37	73,5	1.361	325
Kartoffelknödel, halb + halb (Trockenprodukt)	5,43	0,23	77,5	1.368	327
Kartoffelknödel, roh (Trockenprodukt)	5,7	0,25	77,0	1.364	326
Kartoffelkroketten (Trockenprodukt)	8,1	1,61	75,3	1.410	331
Kartoffelpuffer (Trockenprodukt)	6,35	0,53	75,1	1.348	322
Kartoffelchips, ölgeröstet + gesalzen	5,48	39,4	40,6	2.123	507
Kartoffelsticks, ölgeröstet + gesalzen	6,50	31,5	46,1	1.950	466
Kartoffelsuppe, Trockenprodukt	7,24	3,7	62,6	1.261	301
Pommes frites, verzehrfertig gesalzen	4,2	14,5	29,2	1.045	250

Veredelte Kartoffeln

So schmackhaft und reizvoll die frisch zubereitete Kartoffel auch ist, die Wertschätzung von Kartoffelverarbeitungserzeugnissen nimmt in unserer Zeit doch immer mehr zu. Heute erfolgt bereits über ein Viertel des Speisekartoffelverbrauchs in verarbeiteter Form. Denn die Kartoffelveredelung bringt große Vorzüge. Arbeitssparende, vorgefertigte Produkte sind gerade für die berufstätige Hausfrau eine wesentliche Erleichterung. Die Vorratshaltung und Lagerung ist durch Kühlung oder Tiefkühlung außerordentlich praktisch. Bei vielen Verarbeitungserzeugnissen läßt sich die Qualität zudem über lange Zeit aufrechterhalten, und zahlreiche Kartoffelveredelungserzeugnisse lassen sich darüber hinaus nur schwer oder nur mit größerem Aufwand im Haushalt herstellen.

Die Palette der Kartoffelverarbeitungserzeugnisse ist in den zurückliegenden Jahrzehnten immer breiter geworden. Angefangen hat diese Entwicklung auf breiter Basis nach dem Krieg mit Kloßmehl, danach folgten Chips, Kartoffelflocken, Püree, Fertiggerichte, konservierte Röstis, tiefgefrorene Pommes frites, Knödel, Kartoffelpüree bis hin zu Kartoffelpuffern – und für den, der es ganz eilig hat, gibt es längst geschälte Kartoffeln im Glas. Diese Kartoffelveredelungserzeugnisse sind ausgesprochen schmackhaft und vielfach von selbsthergestellten vergleichbaren Erzeugnissen nicht mehr oder nur kaum noch zu unterscheiden. Sie stellen zwar insgesamt gesehen keinen Ersatz für Frischkartoffeln dar, sind aber auf jeden Fall eine ausgesprochene Bereicherung der modernen Kartoffelküche.

Erzeugnisse aus Kartoffeln

Trockenprodukte	Vorgebratene Produkte frisch oder gekühlt	Tiefgefrorene Produkte	Snackprodukte	Sterilisierte Produkte in Dosen, Gläsern oder Folien
Püree Klöße Kroketten Würfel Streifen Scheiben Suppen Gries Speisemehl	Pommes frites Puffer Rösti	Pommes frites Klöße Puffer Kroketten Rösti Kartoffeln verschiedener Form und Art	Chips Sticks Snacks in verschiedener Form und Art	ganze Kartoffeln Salzkartoffeln Rösti Kartoffelsalat zubereitete Gerichte

Einkaufstips

Kartoffel ist nicht gleich Kartoffel – dem Verbraucher ist die Vielfalt des Kartoffelangebots immer bewußter geworden. Heute wird viel mehr als sonst beim Einkauf auf die gute Qualität der Ware geachtet, und von den einzelnen Eigenschaften der Kartoffel ist es vor allem der Geschmack, der für die Hausfrau immer wichtiger geworden ist. Danach folgt die richtige Kocheigenschaft, dann natürlich der Preis, gefolgt von der Größensortierung, der Verpackung, und nicht zuletzt ist auch die deutliche Kennzeichnung der Handelsklasse für die Hausfrau ein wesentliches Kaufargument. Gewaschene, saubere Kartoffeln werden im übrigen auch immer stärker bevorzugt.

Mehr als 100 Kartoffelsorten sind in der Bundesrepublik Deutschland zugelassen, doch spielt nur eine geringe Anzahl von Sorten eine bedeutendere Rolle im Handel, auf dem Wochenmarkt oder für den direktvermarktenden Landwirt. Bei der überwiegenden Zahl der Sorten handelt es sich um Sorten für den Frischverkauf; 30 Sorten sind heute weitgehend über das gesamte Bundesgebiet erhältlich. Die Sorten unterscheiden sich nicht nur nach dem Erntezeitpunkt, dem Kochtyp, sondern beispielsweise auch nach der Fleischfarbe, die bei den deutschen Sorten zwischen gelb und tiefgelb schwankt. An Formen gibt es ovale, lang-ovale oder rund-ovale Kartoffelsorten – ihre Augentiefe ist flach bis mitteltief und ihre Schale genetzt, leicht rauh bzw. glatt. Ganz wichtig ist, daß diese Sorten sich vor allem im Geschmack unterscheiden. Unter den deutschen Sorten hat z.B. Christa einen ausdrucksvoll milden Geschmack, Sieglinde einen eher feinen, Clivia einen angenehm kräftigen, die am weitesten verbreitete deutsche Sorte Hansa einen sehr ausdrucksvollen, Paula einen sehr kräftigen und beispielsweise Datura einen angenehm kräftigen bis milden Geschmack. Außerdem sind bei den Kartoffelangeboten die Frühkartoffelsorten von den mittelfrühen und den späten Sorten zu unterscheiden.

Frühkartoffeln: Deutsche Frühkartoffeln gibt es von Juni bis Mitte August. Sie haben eine dünne Schale, einen höheren Wasser- und geringeren Stärkegehalt – mit dem großen Vorteil, daß sie noch kalorienärmer als andere Kartoffelsorten sind. Aber ihre Haltbarkeit ist begrenzt, eben weil ihre Schale noch nicht voll ausgebildet ist. Man sollte immer nur so viele Frühkartoffeln einkaufen, wie man in ein bis zwei Wochen verbrauchen kann.

Mittelfrühe Kartoffeln: Sie sind von Anfang August bis Mitte September auf dem Markt. Man kann sie vier bis acht Wochen lagern.

Spätkartoffeln: Sie erscheinen im Oktober auf dem Markt. Diese voll ausgereiften Kartoffeln haben den höchsten Stärkegehalt und stellen den überwiegenden Anteil an der deutschen Speisekartoffelproduktion.

Die einzelnen, am Markt erhältlichen Kartoffelsorten werden nach drei Kocheigenschaften unterschieden.

Festkochende Kartoffeln: Zu dieser Gruppe gehören beispielsweise die Sorten Hansa und Sieglinde, die wohl bekanntesten deutschen Kartoffelsorten. Sie sind geeignet als Pell- und Bratkartoffeln und vor allem für Kartoffelsalat.

Vorwiegend festkochende Kartoffeln: Hierzu zählen die Sorten Clivia, Grata und Hela. Diese Sorten sind als Salz-, Pell- und Bratkartoffeln zu empfehlen, aber auch gut für Suppen verwendbar.

Mehligkochende Kartoffeln: Mehligkochend sind zum Beispiel die Sorten Irmgard und Datura. Sie eignen sich für Klöße, Kartoffelbrei, Kartoffelpuffer, Suppen und Eintöpfe.

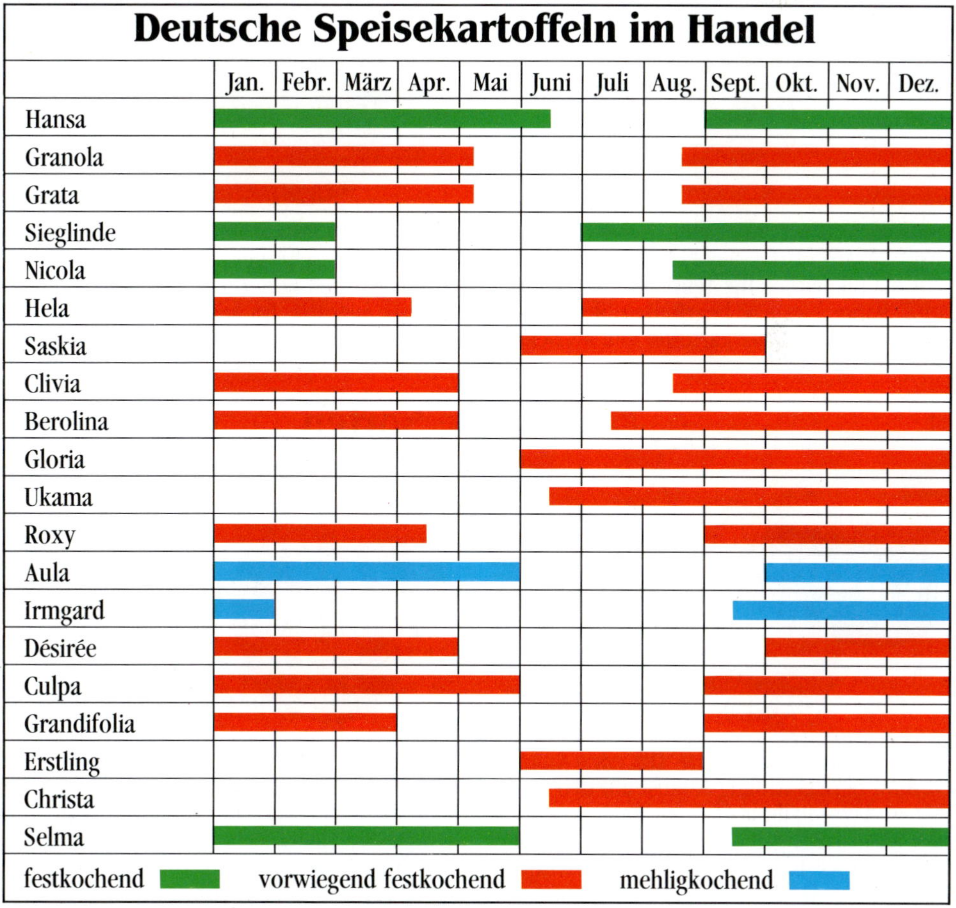

Deutsche Speisekartoffeln

festkochend, vorwiegend festkochend, mehligkochend

Frühe Sorten

ist eine festkochende, vom Handel hoch bewertete Frühsorte. Sie behält beim Kochen Form und Farbe. Ihr feinmilder Geschmack und feiner Geruch begründen ihre Bevorzugung als feste Salatkartoffel und als Beilage.

vorwiegend festkochend, ist eine in Norddeutschland sehr verbreitete Frühsorte. Der größere Anteil wird im Normalanbau im September geerntet. Im kontrollierten Großlager behält sie Konsistenz und Geschmack bis Mai.

Mittelfrühe Sorten

ist eine festkochende Sorte. Das erste Angebot kommt bereits Anfang August auf den Markt. Sie wird wegen ihrer schönen länglichen Form, der ausgeprägt gelben Fleischfarbe und einer guten Konsistenz bei feinem, mildem Geschmack als Delikateß-Sorte bewertet.

ist vorwiegend festkochend. Sie gedeiht in allen Gebieten, wird ab August reif und ergibt eine feine, hochwertige Speisekartoffel mit goldgelber Fleischfarbe, ausgeprägtem gutem Geschmack und gleichmäßig guter Speisequalität bis ins späte Frühjahr.

Diese festkochende, mittelfrühe Sorte bringt in der Form gleichmäßige, lang-ovale Knollen mit gelber Fleischfarbe. Sie hat einen feinen, edlen Geschmack und hervorragende Speiseeigenschaften als Salz-, Pell- und Bratkartoffel. Sie erfordert Sorgfalt bei Anbau und Lagerung.

Diese festkochende, mittelfrühe Sorte bringt in der Form gleichmäßige, lang-ovale Knollen mit gelber Fleischfarbe und köstlichem, angenehm kräftigem Geschmack. Diese Sorte läßt sich ohne Geschmackseinbußen gut bis weit ins Frühjahr lagern.

Späte Sorten

vorwiegend festkochend, ist eine beliebte Einkellerungssorte. Kenner bevorzugen sie wegen ihres ausgeprägten, guten Kartoffelgeschmacks, ihrer tiefgelben Fleischfarbe und festen Knollenkonsistenz. Bei pfleglicher Ernte und Lagerung wird sie bis Mai angeboten.

vorwiegend festkochend, ist zur Zeit die einzige rotschalige, hellgelb-fleischige deutsche Speisesorte mit großer Verbreitung. Sie wird viel in Süddeutschland angebaut und bis ins Frühjahr angeboten. Ein beachtlicher Teil findet feste Abnehmer in Oberitalien.

festkochend, ist die geschmacklich hoch bewertete Hauptsorte in Norddeutschland. Ihr Vorzug ist eine stabile Speisequalität. Nach dem Kochen bleibt sie fest und hat einen nahezu fehlerlosen feinen Geschmack. Sie ist im Handel ab September bis Juni nächsten Jahres.

mehligkochend, hat eine große Verbreitung. Die Knollen sind ansprechend in der Form, recht groß und gut lagerfähig. Beim Kochen springt sie leicht auf, ist aber nicht trocken, mit fast tiefgelber Fleischfarbe und einem milden bis angenehm kräftigen Geschmack.

Qualität ist Trumpf

Der Kartoffeleinkauf ist längst zu einer Qualitätsfrage im generellen und zu einer Geschmacksfrage im speziellen geworden. Kartoffeln müssen vor allem schmecken – und aromatisch, festfleischig und gelb in der Farbe sein!
Diese berechtigten Verbraucherwünsche immer zu erfüllen, ist ausgesprochen schwierig. Denn die Kartoffel geht bis zum Endverbraucher durch viele Hände, die sie leider nicht immer pfleglich behandeln. Kartoffeln sind ein lebendiges Frischeerzeugnis, das atmet und dessen Stoffwechsel sich weiter vollzieht, und deshalb sind die Knollen temperatur- und stoßempfindlich. In den Ladengeschäften führen Kartoffeln oft ein Schattendasein – unter dem Gemüseregal übereinander aufgeschichtet werden sie oftmals gedrückt oder gar gequetscht. Und so praktisch die Kleinverpackungen als 2,5 kg- bzw. 5 kg-Beutel oder Säcke auch sind, kann sich bei unsachgemäßer Lagerung in Plastikbeuteln trotz Belüftungslöchern Schwitzwasser bilden, oder die Kartoffeln bekommen in Netzen Schnittverletzungen. Glücklicherweise gehören solche Zustände zunehmend der Vergangenheit an.
Kartoffeln sind nun einmal kein Massennahrungsmittel mehr, sondern ein hochwertiges Lebensmittel, an das der Käufer – zu Recht – auch hohe Ansprüche stellt. Qualitätsmängel wurden nur allzu oft dem erzeugenden Landwirt angelastet – obwohl dieser meist keinen Einfluß mehr auf die Behandlung seiner Ware hat, wenn sie erst einmal seinen Hof verlassen hat. Und um den Ansprüchen der Verbraucher gerecht zu werden, haben sich die kartoffelerzeugenden Landwirte und ihre Organisationen in Deutschland zu einem weltweit einmaligen Schritt entschlossen und bieten seit nunmehr über fünfzehn Jahren im Rahmen eines Vertragssystems Qualitätskartoffeln unter der Dachbezeichnung AckerGold an. Dieses System verhindert, daß solche Kartoffeln, die den Verbraucherwünschen nicht genügen,

überhaupt als Speisekartoffeln verkauft werden und daß die Ware vom Erzeuger über den Abpackbetrieb und Großhändler bis hin zum Lebensmittelhandel pfleglich behandelt wird. Dieses Vertragsanbausystem ist maßgeschneidert für verpackte Ware, die überwiegend im Lebensmitteleinzelhandel angeboten wird. Die anbietenden Kartoffelabpackbetriebe erhalten unter streng geprüften Auflagen AckerGold-Abpacklizenzen und dürfen hierfür nur Ware einsetzen, deren Anbau ganz strikten Erzeugerregelungen unterliegt. Auch müssen AckerGold-Kartoffeln nach den verschiedenen Sorten und von anderen Kartoffeln getrennt in den Betrieben gelagert werden.

Im Rahmen der AckerGold-Vertragsregeln wird bereits vor dem Anbau die Auswahl geeigneter, gut schmeckender Sorten vorgenommen. Man hat sich dabei auf wenige Sorten mit ausgeprägt gutem Geschmack, der vom Bundessortenamt in Hannover festgestellt wird, konzentriert. Darüber hinaus beinhalten diese Regeln Vorschriften über den Anbau, wie etwa den Einsatz hochwertigen Pflanzgutes, die Pflege der Kulturen und ihre Düngung bis hin zur Festlegung des Erntezeitraumes.

Der Verbraucher kann bereits an der Farbgestaltung der AckerGold-Verpackung die Kochtype des Inhalts erkennen:

Packungen mit einem grünen Streifen enthalten festkochende, mit einem roten Streifen vorwiegend festkochende und mit einem blauen Streifen mehligkochende Kartoffeln. Selbstverständlich wird auch deutlich auf der Packung vermerkt, um welche Kartoffelsorte es sich handelt (Hansa, Grata etc.).

Alle an diesem AckerGold-System beteiligten Wirtschaftskreise müssen sich regelmäßig neutralen Kontrollen unterwerfen, die die Sortenechtheit, die Beschaffenheit der Ware und letztlich auch die Messung von Nitratgehalten beinhalten, damit auf diese Weise eine bestmögliche, geschmacklich ansprechende Speisekartoffel auf den Tisch kommt.

Die Keller-Kinder

Früher war es selbstverständlich, daß die Haushalte in Deutschland zur Hauptzeit der Kartoffelernte einen großen Vorrat an Knollen im Keller einlagerten. Diese sinnvolle Vorratshaltung ist leider längst nicht mehr so gebräuchlich wie früher. Es ist zwar richtig, daß uns heute der moderne Lebensmitteleinzelhandel viele Probleme der Bevorratung abnimmt, aber wer die günstigen Herbsternte-Preise nutzen möchte und einen geeigneten Keller hat, der sollte sich auf jeden Fall Kartoffeln einlagern.

Damit ist ein wichtiges Problem der Kartoffeleinkellerung angesprochen: Unsere modernen Häuser sind nicht mehr für diese Art der Bevorratung geeignet. Früher hatten die Wohnungen Ofenheizung, und der Keller war nicht betoniert, sondern in den Lehm gestampft. Heute machen die Zentralheizungen im Untergeschoß die Keller zu warm und zu trocken. Unter geeigneten räumlichen Bedingungen sind die im Herbst geernteten Kartoffeln aber einen ganzen Winter lang lagerfähig. Allerdings sollte man nicht zu früh einkellern, denn die frühen und mittelfrühen Sorten haben ihre Schale noch nicht fest genug ausgebildet, so daß ihre Lagerzeit mehr oder weniger begrenzt ist. Die Einlagerungskartoffeln sollten schalenfest, gesund, sauber und trocken sein. Beschädigte und feuchte Knollen sind zum Sofortverzehr auszusortieren.

Ideal lagern Kartoffeln in einem gut durchlüfteten, abgedunkelten und kühlen Keller bei einer Idealtemperatur von plus 4°C bis plus 6°C. Licht und Wärme begünstigen das Keimen der Kartoffeln. Aber auch Frost schadet den eingekellerten Kartoffeln. Daher sollten die Kellerfenster bei starkem Frost geschlossen

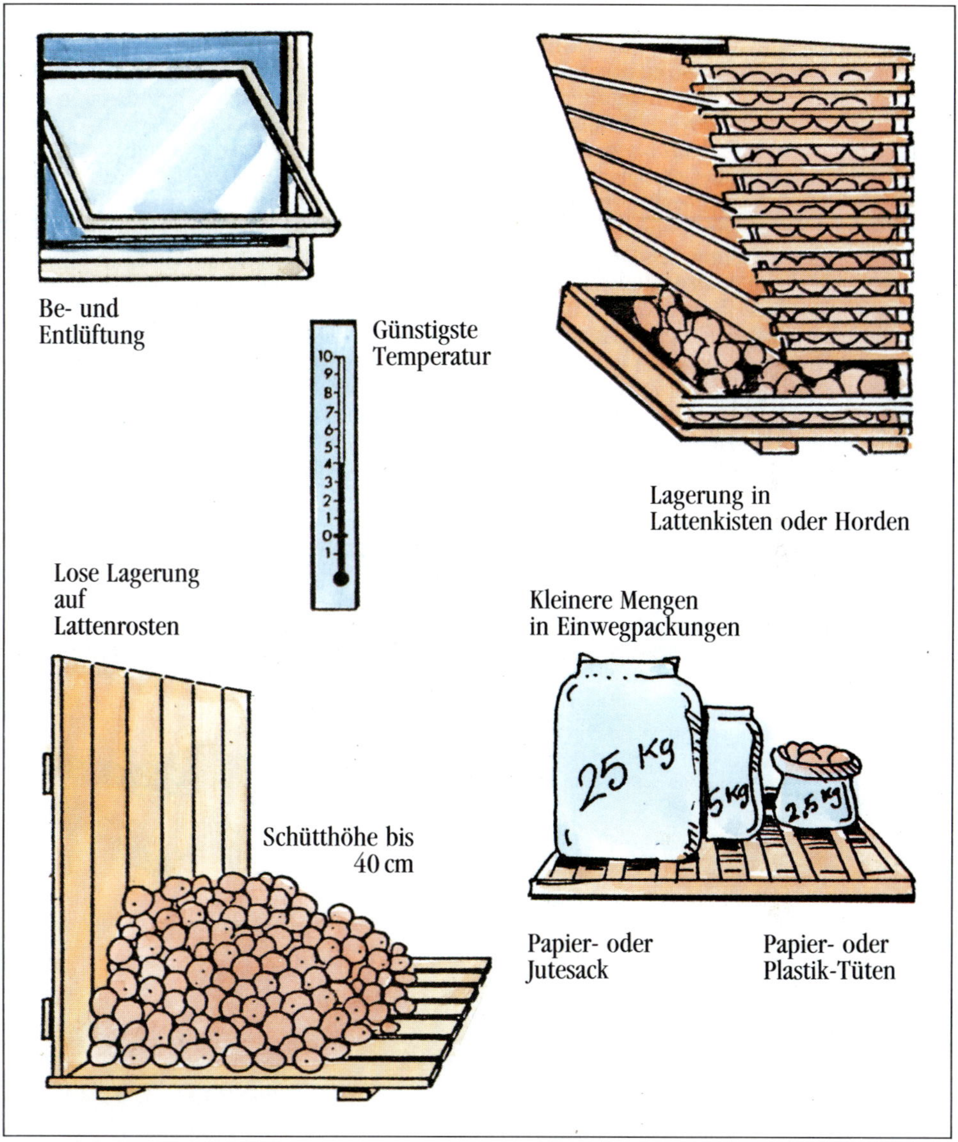

und eventuell die Kartoffeln sogar mit Jutesäcken oder Papier abgedeckt werden.
Schon beim Transport und natürlich bei der Einlagerung müssen Kartoffeln pfleglich behandelt werden. Stoßstellen können sich vor allem bei Unterkühlung durch Schwarzfleckigkeit bemerkbar machen. Die Belüftung der Kartoffeln erreicht man am besten, indem man sie auf erhöhten Lattenrosten mit einer Schütthöhe von bis zu 40 cm bzw. in Lattenkisten oder Horden aufbewahrt. Kleinere Mengen können auch in Papier- oder Jutesäcken eingelagert werden, bitte jedoch nie in luftabschließendem Plastikmaterial. Die Kartoffelkiste zum Einlagern von Speisekartoffeln ist wieder überall erhältlich. Im Handel kann man auch zerlegbare, leicht zu montierende Holzlattenkisten kaufen, die bis zu vier Zentner fassen. Diese Lattenkisten sind besonders günstig, weil sie von allen Seiten Luft an die Kartoffeln

heranlassen und sie deshalb nicht faulen. Lagert man Kartoffeln ein, daß sie bis zum Ende des Winters halten sollen, so ist es empfehlenswert, sie zu „pudern". Kartoffeln, die bis zum Dezember verbraucht werden, benötigen kein Keimhemmungsmittel, denn bis zu dieser Zeit haben die Kartoffeln bei sachgemäßer Lagerung eine natürliche Keimruhe. Danach allerdings fangen sie an zu keimen. Die für den Hausgebrauch amtlich zugelassenen Keimhemmungsmittel erkennt man an dem aufgedruckten Prüfdreieck der Biologischen Bundesanstalt. Entsprechend den Gebrauchsvorschriften sollten Kartoffeln, die man langfristig bevorraten will, im trockenen Zustand mit dem keimhemmenden Mittel gleichmäßig eingestäubt werden. Bei vorschriftsmäßiger Anwendung dieser Keimhemmungsmittel wird die Qualität der Kartoffeln dadurch zudem positiv beeinflußt.

Insgesamt gesehen ist es ratsam, nicht nur eine Sorte einzulagern, sondern mehrere Sorten, so daß über Winter je nach Bedarf auch die unterschiedlichen Kochtypen vorrätig sind. Wenn kein Platzmangel herrscht, ist es natürlich besonders empfehlenswert, Kartoffeln auch nach der Größe zu sortieren, so daß man ohne großen Aufwand über Winter z.B. kleine Kartoffeln für Salat- oder Butterkartoffeln, mittelgroße für Pellkartoffeln und die großen Kartoffeln für Grillkartoffeln griffbereit hat.

Wer mit der Kartoffel richtig umgeht und die Tips zur Lagerung und Vorratshaltung beachtet, wird auch im Winter die vielfältigen köstlichen Gerichte aus der neuen Kartoffelküche genießen können.